TORSTEN CAPELLE

# DIE WIKINGER

TORSTEN CAPELLE

# DIE WIKINGER

## Kultur- und Kunstgeschichte in Grundzügen

WISSENSCHAFTLICHE BUCHGESELLSCHAFT
DARMSTADT

Die textidentische Originalausgabe ist in der Reihe ›Grundzüge‹ als Band 63 erschienen. (1. Auflage, Darmstadt 1986, mit dem Titel ›Kultur- und Kunstgeschichte der Wikinger‹.)

Einbandbild: Stein von Resmo, Öland, 11. Jh.

CIP-Titelaufnahme der Deutschen Bibliothek

**Capelle, Torsten:**
Die Wikinger: Kultur- u. Kunstgeschichte in Grundzügen / Torsten Capelle. – 2., durchges. Aufl. – Darmstadt: Wiss. Buchges., 1988
(WB-Forum; 22)
1. Aufl. u. d. T.: Capelle, Torsten: Kultur- und Kunstgeschichte der Wikinger
ISBN 3-534-80032-X
NE: GT



2., durchgesehene Auflage 1988

Satz: Setzerei Gutowski, Weiterstadt
Druck und Einband: Wissenschaftliche Buchgesellschaft, Darmstadt
Printed in Germany
Schrift: Linotype Garamond, 10/11

ISBN 3-534-80032-X

# INHALT

# VORWORT

Trotz eigener Forschungsarbeiten des Verfassers auf dem Gebiet der Kultur- und Kunstgeschichte der Wikinger verdankt eine Darstellung wie die hier vorgelegte manche Erkenntnis und manche Anregung den Arbeiten von Kollegen. Stellvertretend dafür seien die erst jüngst erschienenen, in der Bibliographie verzeichneten Monographien über die Wikingerzeit in Dänemark von E. Roesdahl und K. Randsborg genannt.

Die Quellenzitate aus den Werken zeitgenössischer Autoren wurden den in der Bibliographie aufgeführten Textausgaben entnommen.

Die Umzeichnungen der Textabbildungen führte vor allem Frau R. Geske, Münster, durch.

Das Kapitel über ›Die Kunst in ihrem Umfeld‹ gibt in enger Anlehnung die aktualisierte Fassung einer früheren Studie des Verfassers wieder.

Torsten Capelle

# EINLEITENDE ÜBERSICHT

Die Wikingerzeit bildet einen Abschnitt der nordeuropäischen Geschichte, der von Archäologen, Historikern und Philologen gleichermaßen untersucht wird. Wenn im folgenden ein Archäologe eine Darstellung bietet, so treten selbstverständlich die ihm zur Verfügung stehenden Quellen in den Vordergrund, während die übrigen Zeugnisse zuweilen einen eher begleitenden Charakter erhalten. Deren Aussagefähigkeit wird aber dadurch nicht gemindert: Sie werden nicht nur eine Würdigung erfahren, sondern auch mehrfach aus zwingender Notwendigkeit ergänzend herangezogen.

'Wikinger' bzw. 'Wikingerzeit' sind Begriffe, die einer erklärenden Begrenzung bedürfen. Zunächst bezeichnen sie einen chronologischen Horizont, der das 9., 10. und die erste Hälfte des 11. Jahrhunderts umfaßt. Genauer: Der Beginn wird 793 angesetzt, als das Kloster Lindisfarne an der schottischen Ostküste überfallen und geplündert wurde; als Ende gilt 1066, als Wilhelm der Eroberer nach seinem Sieg in der Schlacht bei Hastings die Herrschaft in England antrat. Allerdings gab es regional begrenzt sowohl zuvor als auch danach typisch wikingische Verhaltensformen, die eine allzu scharfe Einengung ungeeignet erscheinen lassen. Ergänzend sei im Hinblick auf die Chronologie vermerkt, daß das 'Mittelalter' nach skandinavischem Sprachgebrauch erst nach der Wikingerzeit einsetzte. Regional ist die Begrenzung der wikingischen Welt noch deutlicher abzustufen.

Das Kerngebiet bilden weite Teile der heutigen Königreiche Dänemark, Schweden und Norwegen. Die dichtesten Siedlungsgebiete (Abb. 1) lagen in Jütland, auf den dänischen Inseln, auf Öland und Gotland, im südschwedischen Tiefland, an der schwedischen Ostküste bis zum fundreichen Mälarseegebiet hinauf, an der schwedischen Westküste bis zum norwegischen Oslofjord einschließlich sowie in den großen süd- und westnorwegischen Fjordtälern. Von diesen Bereichen aus nahmen die Wikingerzüge unterschiedlichster Art ihren Ausgang. Im engeren Sinne dazugehörig sind aber auch Regionen, die von den Skandinaviern in jener Zeit entdeckt und kolonisiert wurden und somit langfristig oder gar auf Dauer eine nordeuropäische Prägung erhielten. Das gilt für die Färöer sowie für Island und Grönland. Schließlich müssen auch solche Gebiete berücksichtigt werden, in denen nur eine vorübergehende oder sehr kurzfristige Wirkung von Nordleuten zu verzeichnen ist. Dazu zählen die Britischen Inseln einschließlich der Orkneys und Shetlands ebenso wie die Normandie, Sizilien, Teile Rußlands und Nordamerikas. In diesen Zonen sind auch andere Benennungen für die Wikinger geläufig gewesen: Normannen (im Westen) sowie Waräger und Rus (in Osteuropa) (Abb. 2).

An erster Stelle unter den auswertbaren Quellen stehen die archäologischen Funde und Befunde. Sie sind zwar lückenhaft, doch bieten sie den großen Vorteil, nicht tendenziös zu sein. Unter den Siedlungen sind es offene Gehöfte und Dörfer, befestigte Anlagen und stadtartige Handelsplätze. Bauweisen und Fundgut liefern dabei Aufschlüsse über alltägliches Leben, Wirtschaft, technischen Kenntnisstand und anderes mehr. Die noch vielfach nach heidnischer Manier mit Beigaben ausgestatteten Gräber enthalten Trachten (oder vielmehr Teile davon, vor allem in Form von Trachtenschmuck), Bewaffnung und Gebrauchsgegenstände; deren Analyse läßt oft soziologische Differenzierungen und religiöse Gebräuche erkennen. Hortfunde, vielfach mit zahlreichen Münzen, verweisen dagegen häufig auf Aspekte der Wirtschaft, doch können manche auch politisch oder religiös bedingt sein. Wasserfunde können Auskünfte über See- und Handelswesen beinhalten. Die zahllosen Einzelfunde haben dagegen fast immer lediglich einen antiquarischen Wert. Zu nennen sind schließlich noch verschiedenartige Bilddenkmäler, die zum Teil in ganzen Bildprogrammen Szenenausschnitte aus Alltag und Mythologie überliefern, sowie die Runeninschriften, die ein umfangreiches einheimisches epigraphisches Material darstellen.

Die zeitgenössischen Schriftquellen sind fast ausschließlich Fremdzeugnisse. Die lateinischen Texte sind Reichsquellen wie Annalen, in denen eigentlich nur solche Geschehnisse verzeichnet wurden, die das karolingisch-ottonische Reich unmittelbar betroffen haben, sowie kirchliche Quellen, bei denen die Erfolge der Missionstätigkeit bei weitem im Vordergrund stehen und Eigentümlichkeiten der nordischen Welt eher zur Ausmalung Eingang gefunden haben. Am inhaltsreichsten sind die Lebensbeschreibung Ansgars und die Hamburgische Kirchengeschichte Adams von Bremen.

›Rimberti Vita Anskarii‹ wurde von Ansgars Schüler und Amtsnachfolger Rimbert zwischen 865 und 876 verfaßt. Er beschreibt

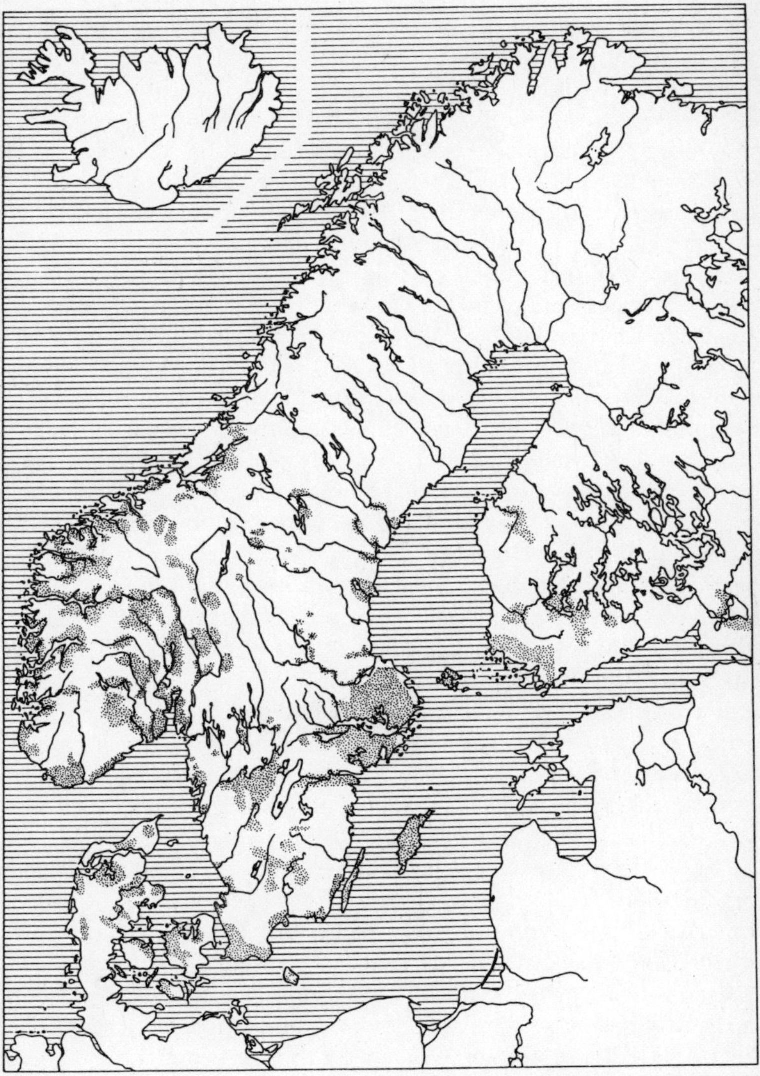

Abb. 1: Siedlungszentren in Skandinavien während der Wikingerzeit.

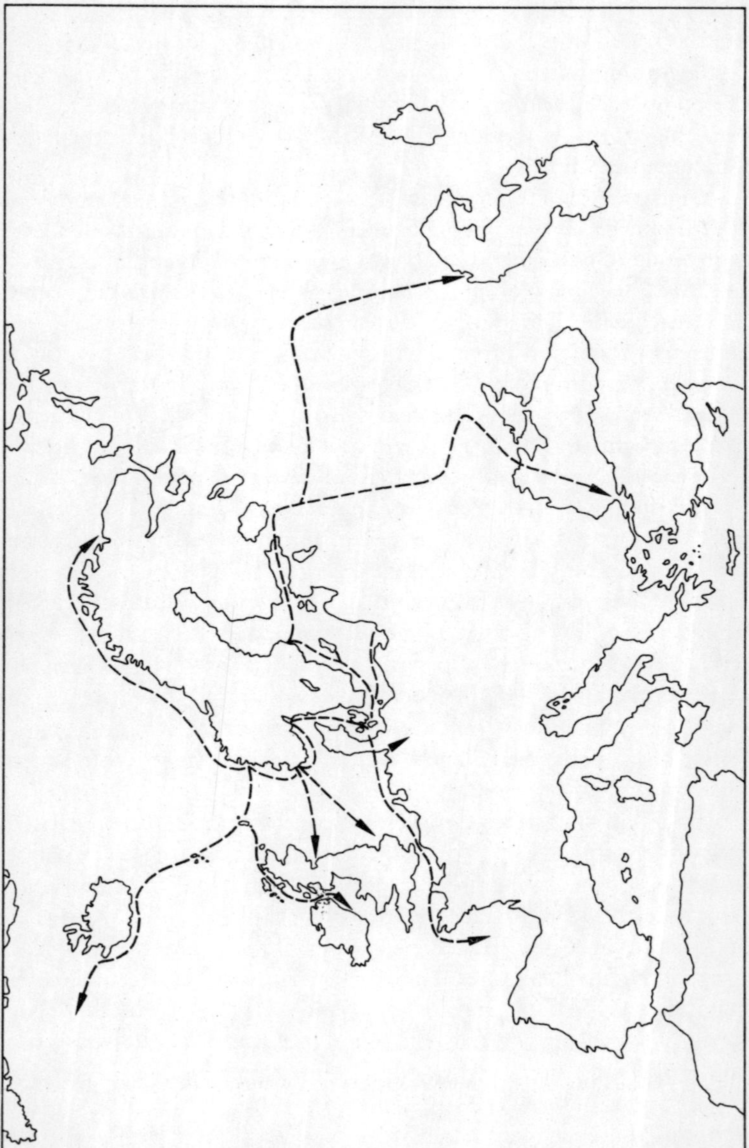

Abb. 2: Hauptfahrtrouten der Wikinger.

Ansgars Missionsreisen in den Norden, den Rimbert selbst ebenfalls mehrfach aufgesucht hat. Dabei werden auch zahlreiche für den Archäologen nützliche Angaben gemacht über heidnische Kulte, Handelsorte und dortige Aktivitäten, Piraterie, Schiffe, Thingversammlungen und anderes mehr. Für die ältere Wikingerzeit bietet die Schrift damit mehr als nur eine willkommene Ergänzung zu den Bodenfunden: Ohne Rimberts Arbeit bliebe manches gänzlich unbekannt.

›Magistri Adam Bremensis Gesta Hammaburgensis ecclesiae Pontificum‹ sind zwar ebenfalls in erster Linie dem mühsamen Vordringen des christlichen Glaubens gewidmet, doch enthalten sie in dem ausführlichen vierten Abschnitt in einer Art Landeskunde eine erste sachliche Darstellung der Regionen und Bewohner des Nordens. Adam von Bremen hat sein Werk um 1076 beendet, doch hat er in den Jahren bis 1080 noch weit über hundert Nachträge angefügt. Seine Kenntnisse beruhen nicht auf Autopsie. Vielmehr hat er ältere Schriften benutzt sowie vor allem Gewährsleute herangezogen: Missionare, Seefahrer, Kaufleute und insbesondere den Dänenkönig Sven Estridsen, die er eingehend befragte. Dadurch ist seine Schilderung zur bedeutendsten und zuverlässigsten Fremdquelle für die ausgehende Wikingerzeit geworden.

Erwähnenswert sind weiterhin einige Berichte arabischer Reisender, die schwedischen Händlern im Osten begegneten, von denen aber einer auch selbst bis an die Schlei gelangte. Sie beschreiben mit ethnographischer Präzision einige ihnen geradezu kurios erscheinende Momente dieser Fremden: Es sind Einzelheiten der Tracht, auffallende Waffen und Gebräuche, die ihnen merkwürdig vorkamen.

Schließlich sind als wesentliche Einzeltexte noch drei Quellen ganz anderer Herkunft zu nennen: Die auf Griechisch geschriebene Anleitung ›De administrando imperium‹ (der Titel ist später hinzugefügt) des Kaisers Konstantin Porphyrogennetos aus der Mitte des 10. Jahrhunderts, die Einzelheiten über die Rus und deren Beziehung zu Byzanz beinhaltet, die Übersetzung der Weltgeschichte des spanischen Mönches Orosius aus der Zeit um 400 durch König Alfred von Wessex, der sie mit Berichten von Gewährsleuten des 9. Jahrhunderts anreicherte, sowie die allerdings wohl erst im 12. Jahrhundert verfaßte Nestorchronik, in der unter anderem die Berufung dreier schwedischer Brüder im Jahr 862 zu Herrschern im Osten genannt wird.

Bei den bisher aufgeführten schriftlichen Überlieferungen handelt es sich durchweg um Fremdquellen. Doch gibt es auch einheimische Zeugnisse, deren Existenz gerade auf die Entfaltung einer umfangreichen nordischen Schriftlichkeit als Folge wikingerzeitlicher Kulturveränderungen zurückzuführen ist.

So wurzelt die ›Poetische Edda‹ mit ihrer Götter- und Heldendichtung in der Wikingerzeit und zum Teil sogar in den Jahrhunderten davor. Auch die Anfang des 13. Jahrhunderts geschriebene ›Edda‹ des Snorri Sturluson, die ein Handbuch der Mythologie und Dichtkunst darstellt, ist wegen der eingestreuten alten Versbeispiele von Wert, weil dadurch manches sonst verschollene Skaldenwerk bewahrt ist; zur Skaldik gehören zum Beispiel Ruhmesgedichte, in denen Taten einzelner Wikinger beschrieben werden.

Am inhaltsreichsten aus der Fülle der in altnordischer Sprache geschriebenen Überlieferungen ist die Sagaliteratur, die in einem Umfang erhalten ist, der die zeitgleiche Prosaüberlieferung in Mitteleuropa bei weitem übertrifft. Die Sagas bilden eine literarische Gattung mit eigenem Gepräge. Es sind anonyme, zum Teil sehr herbe Schilderungen, die Geschichte gleichsam in Geschichtenform festhalten. Die entsprechenden Geschehnisse ereigneten sich überwiegend im 10. und im frühen 11. Jahrhundert. Da sie jedoch großenteils erst im 13. Jahrhundert schriftlich festgehalten wurden, können sich manche Unklarheiten, Fehler oder nachträgliche Zusätze eingeschlichen haben, so daß eine unkritische Übertragung in die Wikingerzeit nicht ohne weiteres möglich ist. Behandelt werden dort Familiengeschichten, Geschlechterfehden, Rechtsstreitigkeiten, Wikingerfahrten, Entdeckungen, Landnahmen und anderes mehr.

Im folgenden wird der Blick auf das überaus reichhaltige schriftlich überlieferte Quellenmaterial nicht außer acht gelassen. Es wird immer dann herangezogen werden, wenn es dadurch möglich ist, archäologische Befunde besser zu beleuchten, zu ergänzen und zu korrigieren. Ohne ihre Einbeziehung würde der zu zeichnende Torso wesentlich fragmentarischer sein müssen.

# HISTORISCHE VORAUSSETZUNGEN

Die Wikinger sind zwar relativ plötzlich durch ihre Überfälle für die Bewohner des Kontinents und der Britischen Inseln in Erscheinung getreten, doch hat es in ihrer Heimat Skandinavien zur Entfaltung ihrer charakteristischen Lebensform Vorstufen gegeben, die sich auch im archäologischen Material teilweise abzeichnen. Demnach sind wesentliche Züge der expansiven Wikingerzeit in der unmittelbar voraufgehenden sogenannten Vendelzeit vorgeprägt: Seehäuptlinge, Handelsplätze und Handwerkszentren, Kolonisationsbestrebungen sowie frühe Missionsansätze mit ihrem geistigen Umfeld.

Die Vendelzeit, die für den Norden chronologisch etwa der kontinentaleuropäischen Merowingerzeit entspricht, ist nach dem Fundort Vendel in Uppland benannt, wo besonders reiche Körpergräber des 6./7. Jahrhunderts angetroffen worden sind.

Eine Reihe von Gräbern von Vendel und an benachbarten Orten in Uppland zeichnet sich nicht nur durch den Reichtum der Beigaben aus, sondern vor allem durch zwei Momente, die später für die Wikingerzeit charakteristisch sein sollten: Als Grabkammern dienten etwa 10 m lange Boote, und zum Inventar gehören Luxusgüter wie fränkische Gläser. Beides sind Indikatoren für eine seefahrende Bevölkerung mit Fernbeziehungen. In dieser Weise waren allerdings nur Männer ausgestattet und von diesen auch nur einer pro Generation. Es wird der jeweilige 'Bauernhäuptling' der Gemeinschaft gewesen sein. Frauen und übrige Familienmitglieder wurden in Brandgräbern bestattet. Der Grabbrauch zeigt eine starke materielle Auffassung vom Tod und vom Leben nach dem Tod. Prunkwaffen, Reitpferde, ganze Schlachttiere, Küchenausstattungen, Werkzeuge, Brettspiele, hervorragende kunsthandwerkliche Produkte und anderes mehr gehören zu den Inventaren. Besonders bemerkenswert ist der Waffenreichtum der vendelzeitlichen Bootgräber, die zum Teil eine Überbewaffnung enthielten, das heißt mehr Waffen, als ein Mann gleichzeitig handhaben konnte. Dabei kann es sich um Stücke handeln, die aus den Waffenkammern der Familien zu Ehren der Verstorbenen herbeigeholt wurden oder hinsichtlich der Mehrfach-Schilde um einen früheren Hinweis auf eine im 13. Jahrhundert überlieferte Zweikampfsitte, gemäß der jeder

Kämpfer drei Schilde verbrauchen durfte, danach aber ungeschützt weiterkämpfen mußte.

Deuten die einzelnen Grabbeigaben und deren Zusammenstellung auf enge Beziehungen zwischen Uppland und dem Merowingerreich, so lassen ergänzend dazu die Verwendung von Booten als Grabräume und einige Bestandteile der Bewaffnung Kontakte zur angelsächsischen Welt erkennen: In Sutton Hoo wurde im frühen 7. Jahrhundert ein waffenreiches Königsgrab in einem großen Boot angelegt.

Die dauerhaften Fernverbindungen, die sich in den genannten Funden vielfältig spiegeln, sind vermutlich zumindest zeitweilig über Helgö im Mälarsee aufrechterhalten worden. Die Insel Helgö hat Hinterlassenschaften einer für europäische Verhältnisse geradezu einzigartigen Siedlung der frühen Vendelzeit ergeben. Hier wurden auf künstlichen Terrassen mehrere kleine Häusergruppen entdeckt, die vor allem durch Merkmale metallhandwerklicher Art bestimmt sind. Arbeitsplätze, Werkzeuge und Tausende von Gußformfragmenten beleuchten die Herstellung von Schmuck und Zierrat, deren Umfang weit über den örtlichen Bedarf hinausgegangen sein muß. Der Vergleich mit der Verbreitung von entsprechenden Fertigprodukten legt die Annahme nahe, daß der Vertrieb vornehmlich nordwärts gerichtet war. Von dort kommen als Gegenleistungen Rohstoffe wie Felle und insbesondere Eisen aus den erzreichen Gebieten nordwestlich des Mälarsees in Frage, die dann über Helgö weitergehandelt worden sein müssen. Daß Helgö über begehrenswerte Waren verfügte, ergibt sich aus den etwa 70 dort gefundenen spätrömischen Solidi, aus fränkischen Glasbechern und anderen Importen. Hinzu kommen Kuriosa aus dem Baltikum, aus Irland, aus der koptischen Welt Ägyptens und sogar aus Nordindien. Die letztgenannten Stücke sind sicher keine Beweise für Direktverbindungen zu außereuropäischen Weltteilen; sie werden vielmehr etappenweise über verschiedene Umschlagstationen allmählich in den Norden gelangt sein. Die übrigen Funde zeigen dagegen, daß Helgö eine Vermittlerrolle für das expandierende Nordeuropa in vorwikingischen Jahrhunderten gespielt hat.

Ob die dort tätigen Bewohner aus eigenem Impuls und in eigener Verantwortung dermaßen wirtschaftlich aktiv waren, ist vorerst noch unklar. Sie können auch vom Sveakönig, zu dessen Gefolgschaft vielleicht die in den Bootgräbern bestatteten, gut gerüsteten Männer gehört haben, abhängig gewesen sein: Er hatte die Kontrolle über Land, Wege und Gesellschaft. Die Werkstätten brauchten deshalb nicht beim Königssitz in Alt-Uppsala zu liegen, wo noch heute drei gewaltige Grabhügel von einer einst mächtigen Dynastie künden, da Helgö im Zentrum eines Wasserwegkreuzes eine für den Handel günstigere Lage einnahm. Helgö vereint trotz seines geringen äußeren Umfangs Merkmale eines geradezu industrialisierten Handwerks, eines Nahhandels mit eigenem Hinterland in Uppland und eines über See führenden Fernhandels.

Auch andernorts gab es bereits vor der Wikingerzeit Ansätze zu merkantil geprägten Orten. So wurden in Ribe im westlichen Jütland Werkplätze des 8. Jahrhunderts freigelegt, die eine überaus starke Spezialisierung erkennen lassen: An einer Stelle wurden fast ausschließlich Nadeln gegossen, an einer anderen bestimmte Broschenformen und an einer dritten bronzene Schlüssel ohne die zugehörigen Schlösser. In Åhus an der Ostküste von Schonen fanden sich Zeugnisse für Bronzegießer, für Glasmanufakturen und für die Bearbeitung von Halbedelsteinen. Es hat demnach schon sehr früh an verschiedenen Orten Nordeuropas Konzentrationen von Handwerksbetrieben gegeben, an denen weit über den lokalen Bedarf hinaus produziert wurde. Sie werden die Wurzeln für die späteren wikingischen Massenproduktionen gebildet haben. Sowohl Ribe als auch Åhus sind im hohen Mittelalter Städte gewesen. Leider sind jedoch die bisher untersuchten Ausgrabungsflächen zu gering, als daß eine rückwärtige Kontinuität zu den vorwikingischen Befunden aufgezeigt werden könnte.

Zunächst ist es immer der Handel, auf den der Archäologe verweist, wenn es gilt, frühere Fernverbindungen darzulegen. Dieses Verfahren ist einfach durch die Quellenlage bedingt, da sich materielle Importe am ehesten nachweisen lassen. Doch kommen selbstverständlich auch ganz andere Möglichkeiten in Frage. So wurde zum Beispiel darauf aufmerksam gemacht, daß Verbindungen zwischen der frühen Vendelkultur und dem Kontinent durch die Teilnahme von Nordleuten an kriegerischen Auseinandersetzungen im Süden bestanden haben können. Ein solcher allerdings nicht nachweisbarer Schluß läge nahe, weil die im Norden eingeführten Objekte in dieser Zeit zum Teil als Bestandteile von Kriegerausrüstungen verstanden werden können.

Aber ganz unabhängig von der Frage, ob Kaufleute oder Kämpfer die ersten und wichtigsten Träger oder Vermittler dieser Verbindungen gewesen sind, zeigen sich in den verschiedenartigen fragmentarisch überlieferten Quellen sehr differenzierte Kontakte zwischen dem Norden und dem Kontinent.

So gibt es neben den Bootgräbern und den frühen Hinweisen auf gewerbliche Produktionsbetriebe sowie auf überregionalen Handel noch weitere Vorboten wikingerzeitlicher Erscheinungen: Zwar gilt Ansgar als der Apostel des Nordens, doch war schon vor ihm der Angelsachse Willibrord um 700 in Dänemark kurzfristig als Missionar tätig. Auch mögen Kreuzmotive, eine kleine Bernsteinnachbildung einer Handglocke auf Gotland und die Miniaturnachbildung eines buchförmigen Reliquiars in Bohuslän (Abb. 3) auf einen frühchristlichen Einfluß zurückzuführen sein.

Abb. 3: Silberanhänger in Buchform von Hög Edsten, Bohuslän (nach H. Arbman), M = 1:1.

Im Gefolge solcher Strömungen können auch schon kontinentale Lieder und Sagenstoffe in den Norden vorgedrungen sein. Die ›Edda‹ enthält zum Beispiel mit dem ›Hunnenschlachtlied‹ und dem ›Attlilied‹ Motive völkerwanderungszeitlichen mitteleuropäischen Inhalts, und der im 9. Jahrhundert entstandene Runenstein von Rök in Östergötland beschreibt den Ostgotenkönig Theoderich:

„Es herrschte Theoderich, / der Kühngemute, /
der Fürst der (See-)Krieger / über den Strand des Hreidmeers. /
Jetzt sitzt er gerüstet / auf seinem gotischen Roß, /
den Schild auf der Schulter, / der Held der Märinge.“

Solche Stoffe werden den Norden durchaus schon vor der Wikingerzeit erreicht haben, auch wenn sie erst später aufgezeichnet wurden. Mit Gewißheit gilt das für ein Detail der ›Wielandsage‹: Der Bildstein Ardre VIII auf Gotland aus dem 8. Jahrhundert zeigt die Schmiede mit den enthaupteten Königssöhnen und den in Vogelgestalt entfliehenden Meister.

Enge Verbindungen nach Mitteleuropa werden in der Vendelzeit auch innerhalb des Kunsthandwerkes sichtbar: Germanische Tierstile wurden in den Vendelstilen in eine einheimische Formensprache umgesetzt, und die Verzierung mit farbigen Einlagen wurde ebenso entlehnt wie die auf römische Ursprünge zurückgehende Kerbschnittechnik.

Über die hier aufgelisteten Bereiche hinaus lassen sich für die Vendelzeit keine weiteren Kontakte mit dem Kontinent nachweisen. So fehlen etwa unmittelbare Entsprechungen zu den für die frühe Wikingerzeit greifbaren Anstößen, die das Reich Karls d. Gr. für die Reichseinigung in Norwegen unter Harald Schönhaar gegeben hat. In Form des fränkischen Königszeremoniells wird dieser Einfluß sogar in Grabfunden im südlichen Norden greifbar.

Die vorhandenen Belege aus der Vendelkultur reichen aber aus, um das Erstarken des Königtums und der Häuptlingsgeschlechter im Kerngebiet des Sveareiches auf einem breiten historischen Hintergrund zu sehen. Nicht nur Handelsbeziehungen bestanden auf direktem Wege ohne nennenswerte Zwischenstationen zum Fränkischen Reich, sondern die Kontakte waren in wesentlich vielfältigerer Art gegeben. Nur so ist es zu erklären, daß im Mälarseegebiet ein fränkischer höfischer Lebensstandard gepflogen wurde, innerhalb dessen sogar die Beizjagd betrieben worden ist. Statt der kontinentalen aufwendigen Kammergräber des merowingischen 'Adels' wurden im Norden die ebenso eindrucksvollen Bootgräber mit ihren reichen Inventaren angelegt. Daß dabei pro Generation nur ein männliches Häuptlingsgrab belegt ist, zeugt von einer ausgeprägten Struktur der Herrschaft.

Schließlich sei noch auf ein Kolonisationsunternehmen des 8. Jahrhunderts hingewiesen. Bei Grobin in Lettland wurden nahe beieinander Friedhöfe ausgegraben, von denen einer mit Männer- und Frauenbestattungen typisch gotländische Inventare enthielt, ein zweiter dagegen mit nur Männergräbern (viele Waffen) rein mittelschwedischen Charakter hatte. Diese Situation ist als das Zeugnis einer fest ansässigen gotländischen Kolonie gedeutet worden, deren Schutz waffenführende Mittelschweden besorgten. Auch wenn im einzelnen eine andere Interpretation möglich ist, so ist die vorwikingische Ostexpansion dennoch nicht wegzudiskutieren, selbst wenn sie nur küstengebunden gewesen sein mag. Das wird noch im 9. Jahrhundert von Rimbert bestätigt. Er weiß zu berichten, daß Kuren im heutigen Lettland früher eine schwedische Oberhoheit anerkannt hätten.

Insgesamt hat es also eine breite Basis in den unterschiedlichsten Lebensbereichen im Norden der Vendelzeit gegeben, aus der die wikingische Kultur erwachsen ist.

# BÄUERLICHES LEBEN

Trotz ihrer ausgedehnten kaufmännischen Interessen waren die Nordleute im ausgehenden ersten Jahrtausend bei weitem überwiegend Bauern. Das gilt sowohl für das skandinavische Kerngebiet als auch in noch stärkerem Maße für die westwärts liegenden Expansionsgebiete von den Britischen Inseln bis Grönland; im Süden und Osten haben sie dagegen nicht auf diese Weise Fuß gefaßt.

Archäologische Untersuchungen auf bäuerlichen Siedlungen haben bisher nur in relativ geringem Umfang stattgefunden. Sie sind in der Regel nur durch zufällige Aufschlüsse zu finden, und sie sind im Fundgut recht unattraktiv. Dennoch läßt sich bereits ein Bild der ländlichen Siedlungsweise zeichnen, das den tatsächlichen Verhältnissen einigermaßen gerecht werden wird.

Nach den bisherigen Erkenntnissen ist im überwiegenden Teil des Nordens zumindest im 9. und 10. Jahrhundert das einzeln gelegene Gehöft innerhalb seines wirtschaftlich genutzten Areals am weitesten verbreitet gewesen. Die Wirtschaftsflächen können sehr ausgedehnt gewesen sein, da die Viehzucht gegenüber dem Ackerbau in weiten Teilen des Nordens eine dominierende Rolle spielte. Waldweiden wurden dafür ebenso beansprucht wie hochgelegene Talbereiche ähnlich einer Almwirtschaft.

Die Gehöfte selbst waren mehrteilige Anlagen: Zum Wohngebäude als der zentralen Einheit gehörten mehrere Nebengebäude unterschiedlicher Funktion. Es waren Stallungen für die klimatisch bedingte winterliche Aufstallung des Viehs, Vorratsbauten, Futterscheunen, eine Allzweckwerkstatt und anderes mehr. Ähnlich sind heute noch Gehöfte aus dem Anfang des 20. Jahrhunderts auf Island gegliedert. Durch einen Zaun, eine lichte Palisade oder durch aufgehäufte Findlingsmauern war dieses Areal einschließlich eines größeren Hofplatzes und kleiner, besonders für die Aufzucht des Jungviehs gepflegter Wiesenteile eingehegt. Diese Schutzmaßnahme hatte aber eher symbolischen Wert als einen fortifikatorischen; zusätzlich diente sie dazu, das Großvieh vom Hofgelände fernzuhalten und das Jungvieh am Entlaufen zu hindern.

Als Haustiere wurden Rind, Schwein und Schaf/Ziege gehalten; Knochen von Pferd, Hund und Katze sind nur in geringem Umfang

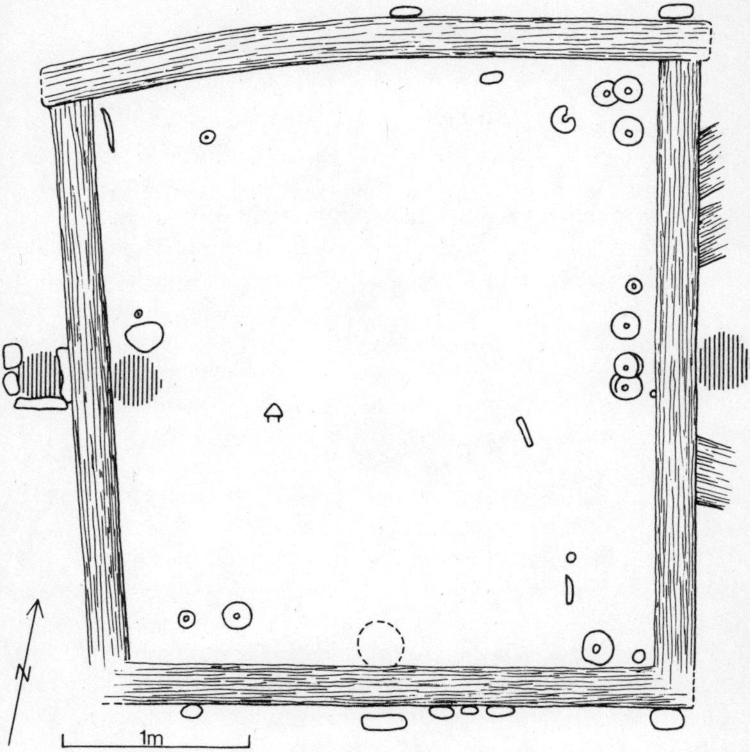


Abb. 4: Hausgrund von Hagestad, Schonen (nach M. Strömberg).

vertreten. Das Durchschnittsalter der geschlachteten Rinder spricht dafür, daß sie nicht nur des Fleisches wegen, sondern auch als Milchlieferanten gehalten wurden. Bei den Schafen zeigt das Schlachtalter an, daß die Wollgewinnung vorrangig war.

Mangels gut untersuchter Siedlungen in Schweden und Norwegen sind nur spärliche Aussagen über die Bauweisen der Häuser möglich. Das bevorzugte Baumaterial war ohne Zweifel Holz, das zu Pfostenbauten verarbeitet wurde. Vereinzelt sind auch Flechtwerkwände mit aufgestrichenem Lehmputz, Spuren von Blockbauten sowie der Stabbau belegt, bei dem senkrechte Bohlen in oben und unten horizontal liegenden Balken eingenutet waren. Die Größen waren sehr begrenzt, selbst das Hauptgebäude hat in der Regel nur einen großen Raum, vielleicht ergänzt durch kleine Nebenkammern, umfaßt (Abb. 4). Für Norwegen ist darüber hinaus

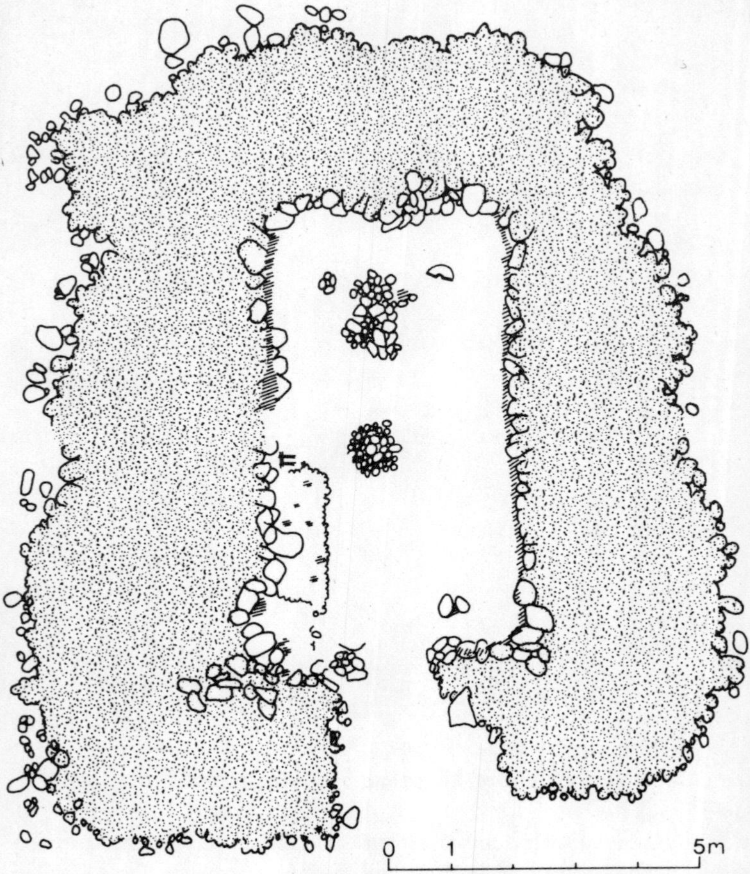


Abb. 5: Hausgrund von Ytre Moa, Sogn og Fjordane (nach E. Bakka).

eine traditionsreiche skandinavische Bauweise belegt, bei der weite Teile des Aufgehenden der Wände aus breiten Steinpackungen bestanden, die nach außen mit Erde und Soden abgedeckt waren (Abb. 5).

Kleine, unregelmäßig gewachsene Ansiedlungen dieser Art werden in den weiten Waldgebieten und den durch Fjorde und Seen gegliederten Landschaften Schwedens und Norwegens vorgeherrscht haben. Das Einzelgehöft mit verschiedenen Nebengebäuden oder die locker gestreute Gehöftgruppierung ist die Siedlungsform, die im archäologischen Befund auf der Skandinavischen

Halbinsel, in einem zeitgenössischen Bildzeugnis auf Gotland, in der Sagaüberlieferung und noch in gleicher Form im neuzeitlichen archaischen Island begegnet. Es waren weitgehend autarke Anwesen, die wohl nicht in erster Linie auf Überschußproduktion und Gewinn ausgerichtet gewesen sind.

Anders verhält es sich mit den landwirtschaftlich besser erschlossenen dänischen Inseln und der kimbrischen Halbinsel. Hier handelte es sich nicht um schwer zugängliche Bergzonen oder stark bewaldete Regionen, sondern um gut kultivierbare Böden, die daher auch schon Jahrhunderte zuvor durch große bäuerliche Betriebe auch für den Ackerbau genutzt worden waren. Die Intensität landwirtschaftlicher Nutzung hat dabei zu einer ganz anderen Siedlungsform geführt, die erst in den letzten Jahren durch großflächige Bodenabtragungen bekannt geworden ist. Dabei wurden erstmals Grundrisse ganzer Dörfer sichtbar. Ein solches großflächiges, maschinell betriebenes Forschungsverfahren läßt zwar jeweils ein Gesamtbild erkennen, doch geht es zu Lasten der Feinbeobachtung. Die genannten Untersuchungen, von denen zwei beispielhaft erwähnt seien, liegen in Westjütland.

In Vorbasse konnte auf diese Weise eine bäuerliche Siedlung des 10. und 11. Jahrhunderts freigelegt werden. Mehrere stattliche Gehöfte haben hier beisammen gelegen. Die einzelnen Höfe und zusätzlich die Gesamtanlage waren eingezäunt. Das Zentrum bildete jeweils ein weit über 20 m langes Haus mit nach außen gekrümmten Längsseiten. Dadurch wurde in der Mitte eine Raumbreite von etwa 7 m erreicht, während die Schmalseiten nur bis zu 5 m maßen. Zu den Gehöften gehörten Wirtschaftsgebäude wie Stallungen mit deutlich abgezeichneten Boxen für das Großvieh, Lagerräume und Werkstätten. Sogar die Buntmetallverarbeitung ist hier betrieben worden.

Eines der größten Gehöfte in Vorbasse umfaßte ein Areal von 120 × 160 m. Es setzte sich aus insgesamt achtzehn Gebäuden zusammen. In seinen Ställen müssen 70 bis 80 Rinder Platz gefunden haben. Sicher handelt es sich hierbei um den Sitz eines Großbauern, der durch seinen reichen Viehbesitz eine wirtschaftlich starke Stellung innerhalb der Gemeinschaft innegehabt haben wird.

Ergänzt werden diese Beobachtungen durch die Befunde, die in der Siedlung Sædding nordwestlich von Esbjerg angetroffen wurden (Abb. 6). Hier muß ein etwa zehn Hektar großes Dorf im 10. und 11. Jahrhundert gelegen haben, dessen Höfe sich um einen etwa 30 m breiten und 150 m langen offenen, unbebauten Dorfplatz

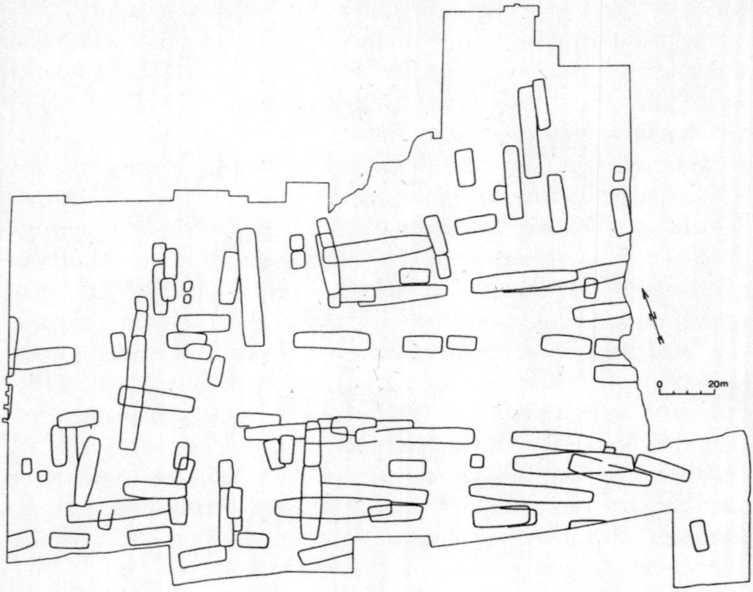


Abb. 6: Siedlungsplan Sædding, Jütland (nach C. J. Becker u. a.).

gruppierten. Die großen Hauptgebäude sind auch hier mit auswärts gekrümmten Längsseiten errichtet worden. Neben den somit festgestellten obertägigen Bauten traten hier jedoch auch zahlreiche Grubenhäuser auf, das heißt kleinere Nebengebäude, deren Laufniveau einige Dezimeter in den Boden eingetieft war. Auch die Bewohner von Sædding müssen der Größe ihrer Höfe nach zu urteilen durchaus wohlhabend gewesen sein.

Diese jüngst entdeckten Dörfer in Jütland deuten auf eine Veränderung der ländlichen Sozialstruktur in diesem Raum im Laufe des 10. Jahrhunderts hin. Wahrscheinlich ging damit auch schon die Entstehung von Großgrundbesitz einher, wie er für das spätere Mittelalter auch literarisch bezeugt ist. Größerer Landbesitz wird ebenfalls auf einigen Runensteinen des 11. Jahrhunderts genannt.

In Schweden und Norwegen hat es noch in der späten Wikingerzeit keine vergleichbaren Ansiedlungen gegeben. Zwar sind dort ebenfalls Ansätze von ländlichen Ballungszentren zu verzeichnen, doch deutet deren Form nicht auf Großgrundbesitz hin. Vielmehr handelt es sich dabei um eine Konzentration von Kleinbetrieben, wie sie in Löddeköping im westlichen Schonen ergraben werden konnte.

Auf einem Areal von mindestens 800 m Länge wurden hier zahlreiche Hausreste des ausgehenden 10. und des 11. Jahrhunderts untersucht. Dabei wurde kein einziges obertägiges Haus entdeckt. Es gab hier ausschließlich Grubenhäuser, die allerdings beachtliche Größen von bis zu 8 × 6 m aufwiesen. Im Inneren enthielten sie vielfach Herdstellen, so daß sie sicher als Wohnhäuser und nicht nur als Wirtschaftsbauten Verwendung gefunden haben.

Löddeköping zeigt, daß es offensichtlich auch in der ausgehenden Wikingerzeit in ländlichen Zonen des Ostseebereiches noch keine Großbauten wie in Jütland gegeben hat. Es scheint sich demnach um zwei Bauprovinzen zu handeln, deren Grenze auf den dänischen Inseln verlaufen dürfte: Im Westen gab es aus stabilen Pfosten aufgeführte Großbauten, im Osten dagegen Grubenhäuser wie vielerorts bei den südlich der Ostsee siedelnden Slawen, jedoch von größeren Ausmaßen als bei diesen.

Etwas außerhalb dieses Schemas steht die Siedlung Elisenhof an der Peripherie der wikingischen Welt im Süden von Eiderstedt, die zwar auf der kimbrischen Halbinsel ebenfalls ein Dorf darstellte, aber dennoch nicht mit dem Typ Vorbasse unmittelbar vergleichbar ist. Ihre Struktur ist durch die Lage im Marschengebiet gekennzeichnet, das eine speziellere Wirtschaftsform und besondere Bauweisen aufgrund der Hochwassergefährdung bedingte. Auf einem erhöhten Uferwall war hier im 7./8. Jahrhundert eine Siedlung entstanden, die bis in das 11. Jahrhundert als Dorf bestehenblieb. Durch allmähliche Aufschüttungen mit Dung und Klei wuchs sie zu einer großen geschlossenen Wurt mit hervorragenden Erhaltungsbedingungen für organische Materialien. Die Hauptgebäude waren kombinierte Wohnstallhäuser von bis zu mehr als 30 m Länge. Manche Stallteile sind nachträglich verlängert worden, wodurch ein Viehzuwachs bekundet wird. Die 5 m breiten Häuser ermöglichten beiderseits eines schmalen Mittelganges die Anlage von Boxen. Die Dachlast der zum Teil dreischiffigen Häuser wurde außen durch schräg angesetzte Stützen abgefangen. Kleinere, im Inneren nicht untergliederte Häuser gehörten als Nebengebäude zu den einzelnen Gehöften. Brunnen gewährleisteten die Trinkwasserversorgung, Wege und Prielbrücken erschlossen den engeren und weiteren Dorfbereich.

Die wirtschaftliche Basis von Elisenhof hat die landwirtschaftliche Nutzung der umliegenden Marsch gebildet. Da die Eindeichung der Küstenzonen noch nicht erfolgt war, verhinderte die Salzwiesenflora einen intensiven Ackerbau. Statt dessen wurde

Viehzucht in großem Umfang betrieben. Davon zeugen gewaltige Dungmassen und zahllose Haustierknochen, unter denen Rind und vor allem Schaf am stärksten vertreten sind. Zumindest die Wollproduktion scheint über den örtlichen Bedarf hinausgegangen zu sein. Wolle wird daher als Tausch- und Handelsware genutzt worden sein. Erstaunlicherweise haben aber die Bewohner von Elisenhof trotz der Lage ihrer Siedlung in Sichtweite des wohl wichtigsten wikingerzeitlichen Fernhandelsweges von der Rhein- und Scheldemündung über Eider und Schlei in die Ostsee kaum am überregionalen Handel teilgehabt. Lediglich einige Bruchstücke rheinischer Keramik sowie Mühlsteine aus Mayener Basaltlava (mit denen wohl von der Geest bezogenes Korn gemahlen wurde) bezeugen gewisse Bezugsmöglichkeiten. Statt dessen war das Dorf geprägt durch die Viehzucht, die ein weitgehend unabhängiges Leben zuließ.

Die neu entdeckten dänischen Großsiedlungen der mittleren und jüngeren Wikingerzeit in Jütland und die in einheimischer küstengebundener Tradition gewachsene Wurt Elisenhof waren zwar dicht bebaute und wirtschaftlich starke Gemeinwesen, doch blieben sie stets bäuerliche Dörfer, die sich in keinem Fall zu stadtartigen Anlagen entwickelten. Dazu bedurfte es anderer Kristallisationskerne und anderer handelspolitisch günstigerer Lagen.

# STÄDTISCHES LEBEN

'Stadt' ist gemäß geschichtswissenschaftlichen Sprachgebrauches nur gegeben, wenn auch ein Stadtrecht vorhanden ist. Ein solches ist naturgemäß archäologisch nicht nachzuweisen. Doch gibt es in den Bodenfunden erfaßbare Kriterien, die die Ansprache bestimmter Siedlungen als 'Stadt' rechtfertigen. Dazu gehören eine dichte Bebauung, eine nicht rein bäuerliche Prägung, eine zentralörtliche Funktion, das Vorhandensein verschiedener gewerbsmäßig geführter Wirtschaftsbetriebe, die Teilhabe an überregionalem Handel, eventuell sogar die Münzprägung, sowie möglichst die Rolle eines kultischen Mittelpunktes. Diesen Anforderungen werden während der Wikingerzeit im Norden nur Birka im Mälarsee und Haithabu an der Schlei einigermaßen gerecht.

Vereinzelte stadtartige Kriterien in Form von spezialisierten Produktionsbetrieben sind schon im 8. Jahrhundert in Ribe, Jütland, und Åhus, Schonen, greifbar, doch sind in beiden Fällen die ausgegrabenen Flächen zu gering, um verbindliche Aussagen zuzulassen. Beide Orte sind aber als Städte im hohen Mittelalter bezeugt, so daß eine Kontinuität durchaus denkbar ist. Erst seit dem frühen 9. Jahrhundert sind die Anlagen besser zu fassen, die als Städte im oben beschriebenen Sinne gelten können.

Gemeinsam ist diesen frühen Städten mit einigen weiteren größeren, zeitgleichen Orten, welche vornehmlich Handelsplätze waren, die Lage an einem gut schiffbaren Wasser, allerdings nicht an der offenen Küste, sondern möglichst weit landeinwärts geschützt.

Birka liegt auf der Insel Björkö innerhalb des Schärenschutzes des Mälarsees. Das war eine ideale Lage am Knotenpunkt eines strategisch wichtigen Wasserwegekreuzes, die den Ort zu einer Vermittlerstation für ein dicht besiedeltes Umland und zum Anlaufhafen für Fernhändler werden ließ. Benachbart lag auf Adelsö ein Königshof. Als ein Zentrum für Handel und Handwerk hat Birka offensichtlich die Nachfolge von Helgö angetreten, das wohl wegen der fortgeschrittenen Landhebung eine solche Funktion nicht mehr erfüllen konnte. Als dieses Schicksal um die Jahrtausendwende auch Birka betraf, übernahm Sigtuna dessen Rolle.

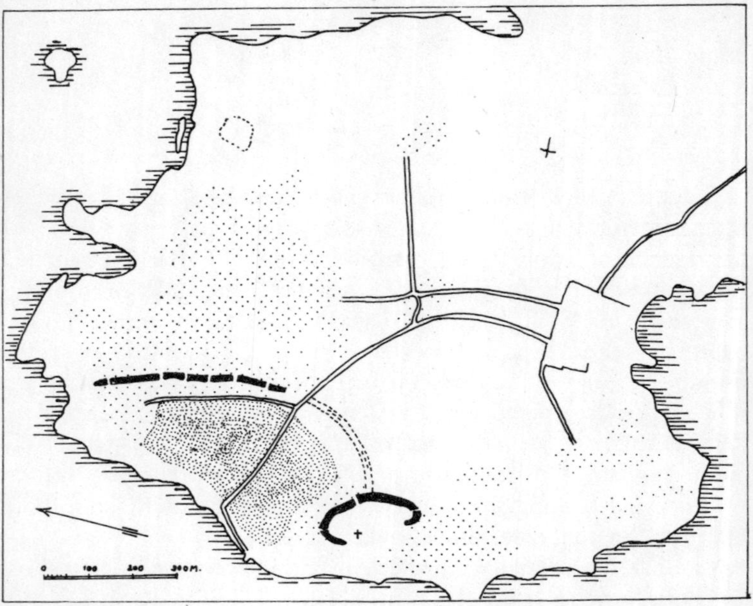


Abb. 7: Siedlungsareal von Birka, Uppland, innerhalb des Stadtwalles und umliegende Gräberfelder (nach H. Arbman).

Das zwölf Hektar große Stadtgebiet von Birka (Abb. 7) ist bisher nur flüchtig untersucht worden. Es wird von einem im 10. Jahrhundert errichteten halbkreisförmigen Stadtwall umschlossen. Die dunkle Färbung des Bodens als Zeugnis intensiver Siedlungstätigkeit hat zur Bezeichnung 'schwarze Erde' geführt. Die in jüngster Zeit dort vorgenommenen kleinflächigen Grabungen haben die Anwesenheit von Metall verarbeitenden Handwerkern erwiesen. Neben solchen muß es laut Rimbert schon in der ersten Hälfte des 9. Jahrhunderts auch vermögende Kaufleute und andere Einwohner hier gegeben haben. Ihnen stand damals Hergeir, der auf eigenem Grund eine christliche Kapelle baute, im Auftrag des Königs vor. Zu Birka gehören mehrere buchtartige Hafenanlagen und vorgelagert im Wasser eingetriebene Eichenpfähle als Reste von Molen oder anderen Hafenbauten sowie eine kleine, auf einer Anhöhe gelegene Fluchtburg, die vor der Errichtung des Halbkreiswalles dem vorübergehenden Schutz der Bewohner in Notzeiten diente, und schließlich noch weit über 2000 Gräber, die in einem breiten Gürtel außerhalb des Stadtgebietes liegen.

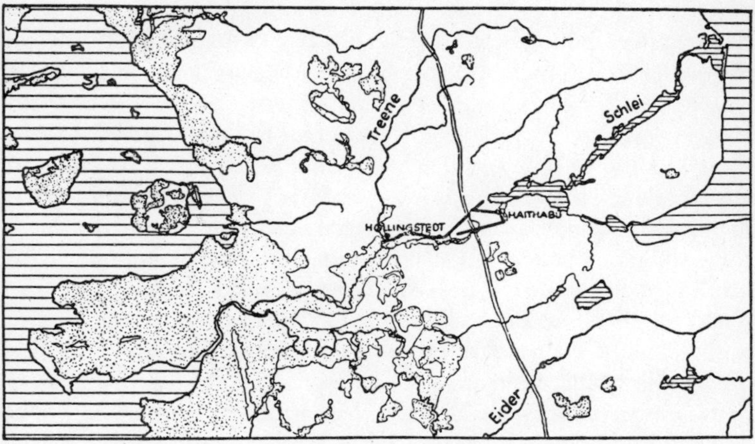


Abb. 8: Die Schleswiger Landenge mit Danewerk (nach H. Jankuhn).

Von den Birkagräbern sind etwa 1100 archäologisch untersucht worden. Sie stellen neben den Angaben in Rimberts ›Vita Anskarii‹ die wichtigsten Quellen zur Kenntnis des Ortes dar. Auch wenn in ihnen nur eine Auswahl alltäglicher Gebrauchsgüter niedergelegt wurde, bieten sie doch einen guten Einblick in die am Ort herrschenden Bezugsmöglichkeiten für Waren aller Art und in den dort angehäuften Wohlstand. Hier wurden berittene Krieger mit schwerer Bewaffnung und Steigbügeln ebenso beigesetzt wie Kaufleute mit Feinwaagen und Gewichtssätzen und reiche Frauen mit umfangreichen, kostbaren Schmuckgarnituren. Ihnen mitgegeben waren rheinische Keramik, fränkische Gläser, arabische Münzen, orientalische Kultgeräte und vieles andere mehr. Diese Funde bezeugen, da sie nicht nur als vereinzelte Kuriositäten auftreten, daß die Bewohner von Birka im 9. und 10. Jahrhundert über dauerhafte Fernverbindungen in verschiedene Richtungen verfügt haben müssen. Manches gut beladene Schiff vom Kontinent muß hier angelegt haben, und manche ostwärts gerichtete Handelsfahrt hat hier ihren Ausgang genommen.

Noch wesentlich aufschlußreicher als die vornehmlich aus Grabfunden bezogenen Erkenntnisse über Birka sind die großflächigen Ausgrabungen in Haithabu (Abb. 8).

Am Haddebyer Noor, einer südwärts gerichteten Erweiterung am inneren Ende der Schlei, erhebt sich heute noch der mächtige Halbkreiswall von bis zu 10 m Höhe, der die Stadt mit einer Fläche von 24 Hektar im 10. Jahrhundert umschloß. Durch den sogenannten Verbindungswall ist er an das Danewerk angebunden, das die Jütische Halbinsel an ihrer schmalsten Stelle mit 17 km Länge abriegelt. Im Westen endet es in den kaum passierbaren Treeneniederungen, die ihre Fortsetzung in der Eider finden. Unter Einbeziehung von Eider, Treene und Schlei ist hier bereits im 8. Jahrhundert ein Überland-Befestigungswerk – eine Art Limes – entstanden, das diesen Raum wegen seiner bevorzugten Passagemöglichkeit als politisch besonders bedeutend zu erkennen gibt. Die Treene ließ sich bis Hollingstedt aufwärts befahren. Dort befand sich ein Umschlagplatz, von dem aus der Landweg bis Haithabu genommen werden mußte, wo die Weiterfahrt über Schlei und Ostsee beginnen konnte. Verständlich, daß der dänische König um 800 hier Kaufleute ansiedelte, um sie unter seiner Kontrolle zu haben. Damit erfolgte aber keine Gründung von Haithabu, denn der Platz war schon zuvor besiedelt.

Drei kleine Siedlungsgruppen bestanden damals schon am Westufer des Noores. Um 800 wurden die nördliche und die südliche aufgelassen und die mittlere vergrößert. Damit war der Kern der späteren Stadt entstanden – ein Vorgang, der vielleicht mit der genannten Zwangsansiedlung der Kaufleute einherging. Eine im Norden auf einem Höhenrücken gelegene kleine Fluchtburg diente dem Schutz im Bedrohungsfall. Sie wurde erst überflüssig, als die inzwischen stark gewachsene Siedlung in der Mitte des 10. Jahrhunderts umwallt wurde. Die innerhalb des Walles gelegenen Gräberfelder wurden spätestens zu diesem Zeitpunkt aufgegeben und Beisetzungen nur noch extra muros vorgenommen. Zum weiteren Umfeld von Haithabu gehören auch in das Noor hineingebaute Molen eines Hafens sowie einige Runensteine, auf denen Könige genannt werden und die daher von der politischen Rolle des Ortes zeugen. So steht auf dem Skarthistein westlich des Halbkreiswalles:

„König Sven setzte den Stein für Skarthi, seinen Gefolgsmann, der nach Westen gefahren war, aber nun bei Haithabu fiel."

Die zum Teil mit großem technischen Aufwand durchgeführten archäologischen Untersuchungen des Siedlungsareals, vor allem in der Nähe des den Halbkreiswall durchquerenden Süßwasserbaches, haben eine ziemlich dichte Bebauung mit ebenerdigen Holzhäusern ergeben. Die Fundamente waren im feuchten Bachbereich gut erhalten. Abgegrenzte Gehöfte beiderseits von Wegen zeigen eine echte Parzellierung, doch spricht die Unregelmäßigkeit der einzelnen Anlagen untereinander für eine gewachsene Siedlung. Bereits

Rimbert nennt für Haithabu die Existenz privater Grundstücke. Sorgfältig angelegte Wege und gezimmerte Brücken gehörten ebenso zur Siedlung wie zahlreiche Brunnen. Letztere sind in einigen Fällen durch sekundär zweckentfremdete Holzfässer verschalt. Da die zu den Fässern verarbeitete Holzart Tanne damals nicht im Umfeld von Haithabu wuchs, wird es sich um Exemplare handeln, die am ehesten aus dem Rheinland stammen und die von dort aus in ihrer primären Funktion als Transportbehältnisse in den Norden gelangten. Der erwähnte Süßwasserbach ist wohl zur Trinkwasserversorgung nicht geeignet gewesen. Er ist zwar mittels Holzbohlen regelrecht kanalisiert gewesen, doch hat er – wie viele Funde lehren – auch zur Abfallbeseitigung gedient. Das hat die Bewohner aber nicht daran gehindert, ihn zum Waschen der Wäsche zu benutzen: Vereinzelt führen kurze Holzwege auf den Bach zu, die auf der gegenüberliegenden Seite keine Fortsetzung finden; neben diesen Wegstücken sind in den Boden eingelassene Holztröge identifiziert worden, die nur als Spülbecken gedeutet werden können. Eine kuriose Bestätigung erfährt dieses Bild dadurch, daß vor einem dieser Wegeköpfe auf dem Grund des Baches besonders viele Schmucknadeln gefunden wurden, die den Frauen aus den Steckfrisuren geglitten sein werden.

Bei den jüngeren Grabungskampagnen sind die dendrochronologischen Bestimmungsmöglichkeiten besonders erfolgreich eingesetzt worden. Danach sind die ältesten erfaßbaren Bauteile im Jahre 783 geschlagen worden, welches natürlich ältere Bauten am Ort nicht ausschließt. Eine besonders rege Bautätigkeit ist jedoch erst ab etwa 810 zu verzeichnen. Dieser Boom kann mit der erwähnten angeordneten Ansiedlung der Kaufleute und dem daraus resultierenden allgemeinen Zuwachs der Bevölkerung zusammenhängen. Danach ist über einen längeren Zeitraum eine dichte Folge von Bauhölzern festzustellen. Sorgfältige Analysen haben sogar erkennen lassen, welche Teile eines Hauses aus einem Baumindividuum gefügt wurden sowie daß Ausbesserungen und Veränderungen bereits nach wenigen Jahren erfolgt sein können. Die jüngeren Schichten des 10. Jahrhunderts sind dendrochronologisch schwerer auszuwerten, da deren Holzreste wegen der höheren Lagerung ausgetrocknet und zersetzt sind. Die tiefer hinabreichenden Brunnen belegen aber, daß solche noch bis um 1020 angelegt worden sind.

Aufschlußreich sind auch die Fundstücke aus den Gräbern, aus der Siedlung selbst und aus dem vorgelagerten Hafenbereich. Die

Verteilung von Indizien für handwerkliche Tätigkeiten (wie Werkzeuge, Gußformen, Halbfertigprodukte und Rohmaterialien) spricht dafür, daß solche überall im Ort und nicht etwa nur in einem begrenzten „Industriegebiet“ ausgeübt worden sein können. Bemerkenswert ist, daß die Streuung zusammengehöriger Fundteile zuweilen sehr weit sein kann. So traten zum Beispiel Scherben eines einzigen großen, tönernen Importgefäßes auf mehreren Grundstücken auf. Wahrscheinlich ist das durch eine Abfallbeseitigung bedingt, bei der Abfall zur Ausebnung des Bodens diente. Aus diesem Grunde wurden auch selten Funde innerhalb der Häuser oder in deren unmittelbarer Nähe angetroffen, sondern eher bei den Zäunen und an den Wegrändern.

Insgesamt machen Bebauung und Funde in Haithabu den Eindruck einer städtischen Siedlung. Landwirtschaftliche Geräte sind nur ausnahmsweise vertreten, sichere Stallungen bisher nur in einem Falle belegt, und unter den Weidetierknochen dominieren diejenigen von den fleischreichen Teilen von Rind und Schwein, wodurch ein Bezug dieser Nahrungsmittel von außerhalb nahegelegt wird. In der bäuerlichen Siedlung Elisenhof dagegen sind die fleischreichen Teile dieser Tiere im Verhältnis zu der an den Kiefern berechneten Individuenzahl unterrepräsentiert.

Unter den Bewohnern Haithabus müssen Händler, Handwerker, Schiffer und Fuhrleute eine starke Rolle gespielt haben – vielleicht mit besonderer Konzentration in den verkehrsgünstigen Sommermonaten. Zu einer solchen eventuellen saisonweisen intensiveren Nutzung des Ortes paßt auch eine vorläufige repräsentative Untersuchung des Skelettmaterials: 62% stammen von Männern, 38% von Frauen.

Von besonderem Interesse sind die im Hafenbereich geborgenen Funde. Dazu gehört auch eine große Menge von organischen Materialien, die allerdings wegen der langwierigen Konservierung noch kaum für eine Auswertung zur Verfügung stehen. Zum Teil handelt es sich dabei sicher um Abfall, der von den Molen oder Landungsbrücken aus in das Hafenbecken gekippt wurde, zum Teil aber auch um Gegenstände, die beim Be- und Entladen versehentlich über Bord gingen. Dabei erwiesen sich nicht nur Metallbarren, sondern auch Bündel von Knochennadeln, Löffel und andere einfache Produkte als Handelswaren, deren Erzeugung sonst eigentlich durchaus im Heimwerk zur Eigenversorgung denkbar ist. Geborgen wurde im Hafenschlick auch ein Beutel mit vierzig zum Teil gleichen, massiven Bronzemodeln, die zur Herstellung goldener und silberner Schmuckstücke dienen sollten. Demnach wurden sogar Arbeitsmittel für Spezialisten gehandelt.

Ohne Zweifel ist Haithabu ein überregionaler Handelsplatz gewesen, dessen Bedeutung durch die hervorragende handelspolitische Lage gefördert wurde. Es war ein international geprägter Ort mit Funktion als Markt, Umschlaghafen, Zentrum handwerklicher Betriebe, an dem sich zeitweilig vielleicht auch eine Münzprägestätte befand (dazu siehe unten), und nach Ausweis der Schriftquellen war es auch ein Ort, an dem eine der frühesten christlichen Kirchen im Norden aufgeführt wurde. Spätestens in der Mitte des 11. Jahrhunderts wird er aufgegeben worden sein; seine Rolle wurde in Schleswig am Nordufer der Schlei fortgeführt.

Die Kontinuität Haithabu – Schleswig wird auch dadurch deutlich, daß beide Namen bereits in der Wikingerzeit für ein und denselben Platz am Noor belegt sind. In einem zeitgenössischen Bericht wird das bunte Treiben an diesem Ort durch den arabischen Reisenden At-Tartûschi folgendermaßen phantasievoll beschrieben:

„Schleswig ist eine sehr große Stadt am äußersten Ende des Weltmeeres. In ihrem Innern gibt es Quellen süßen Wassers. Ihre Bewohner sind Siriusanbeter, außer einer kleinen Anzahl, welche Christen sind, die dort eine Kirche besitzen. ... sie feiern ein Fest, an dem sie alle zusammenkommen, um den Gott zu ehren und um zu essen und zu trinken. Wer ein Opfertier schlachtet, errichtet an der Tür seines Gehöftes Pfähle und tut das Opfertier darauf, sei es ein Rind oder ein Widder oder ein Ziegenbock oder ein Schwein, damit die Leute wissen, daß er es seinem Gotte zu Ehren opfert. Die Stadt ist arm an Gütern und Segen. Die Hauptnahrung ihrer Bewohner besteht aus Fischen, denn sie sind dort zahlreich. Werden einem von ihnen Kinder geboren, so wirft er sie ins Meer, um sich die Ausgaben zu sparen; ferner erzählte er, daß das Recht der Scheidung bei ihnen den Frauen zusteht: Das Weib scheidet sich selbst, wann es will. Auch gibt es dort eine künstlich hergestellte Augenschminke; wenn sie sie anwenden, nimmt die Schönheit niemals ab, sondern noch zu bei Männern und Frauen."

Die Bedeutung von Plätzen dieser Art darf nicht nur auf dem Hintergrund der in kulturhistorischer Hinsicht spärlichen schriftlichen Überlieferung und der archäologisch erschließbaren materiellen Hinterlassenschaften gewertet werden. Die vielen verschiedenartigen Einflüsse, die den Norden im Lauf der Wikingerzeit vor allem aus dem Süden und dem Westen erreichten, werden größtenteils über diese Zentren vorgedrungen sein. Sie waren als eine Art

Informationsbörsen gewiß auch Umschlagplätze für geistige Güter, das heißt sie spielten ebenfalls eine kulturelle Vermittlerrolle. Im Gefolge der Händler wird nicht nur das Christentum im Norden Eingang gefunden haben, sondern auch manche Anregung, die heute nur noch mühsam aufzuspüren ist.

Die wikingischen Stadtanlagen wie Birka und Haithabu haben nicht überlebt. Einen ungebrochenen Fortbestand haben erst Städte wie Visby, Schleswig und Sigtuna gehabt, die an politischen oder kirchlichen Zentren als Kristallisationspunkte heranwuchsen. Dennoch sind die frühen wikingischen Städte für das nachfolgende Mittelalter von entscheidender Bedeutung gewesen, weil durch diese die Voraussetzungen für die Entstehung einer Stadtkultur im Norden gegeben wurden.

## BURGEN UND ANDERE ZENTRALE BAUTEN

In der karolingisch-ottonischen und in der slawischen Welt des 9. bis 11. Jahrhunderts gab es einen umfangreichen Bau von Befestigungswerken. Dieser diente sowohl der Abwehr äußerer Angriffe als auch zum gegenseitigen kleinräumigen Schutz der einzelnen Siedlungskammern und Anwesen. Im zeitgleichen Norden hat es etwas Vergleichbares nur in Ansätzen gegeben.

Bei der offensiven Lebensart der Wikinger war ein defensiver Burgenbau nicht notwendig. Äußeren Bedrohungen waren sie kaum ausgesetzt. Entsprechend gibt es auch nur sehr wenige solche Anlagen. Dieses waren entweder kleine, nur mäßig ausgebaute Werke, die in Notzeiten lediglich vorübergehend als Fluchtburgen aufgesucht wurden, oder sehr kurzlebige große Burgen, die mehr den Zweck einer Demonstration als den eines Schutzes zu erfüllen hatten.

Zu der ersten Gruppe gehören die bereits erwähnten kleinen Fluchtburgen, die außerhalb von Birka und Haithabu jeweils auf einer natürlichen Anhöhe liegen. Deren niedrige Wälle zeugen nicht gerade von einer starken fortifikatorischen Wirkung. Sie sind im 10. Jahrhundert aufgegeben worden, als beide Orte selbst nach erheblicher Zunahme der Bevölkerung zum besseren Schutz jeweils von einem mächtigen Halbkreiswall umgeben wurden. Vereinzelt ist auch die sporadische Wiederverwendung älterer Befestigungen zu bemerken, doch handelt es sich dabei nur ausnahmsweise um die Wiederinstandsetzung des Mauer- oder Wallsystems wie bei der gewaltigen Torsburgen auf Gotland oder bei Eketorp auf Öland, sondern statt dessen vorwiegend nur um die erneute Verwendung eines markanten Geländepunktes für eine Ansiedlung.

Nur aus der jüngeren Wikingerzeit Dänemarks gibt es einige wenige große Befestigungswerke, die von einer planvollen Bauweise innerhalb eines zusammengehörigen Systems zeugen: Aggersborg und Fyrkat im Norden Jütlands, Trelleborg auf Westseeland und eventuell Odense auf Fünen, wo jedoch wegen der heutigen Überbauung keine genauen Angaben mehr möglich sind. Vor allem aufgrund der übereinstimmenden auffallenden Präzision der nach einem feststehenden Schema erfolgten Innenbebauung sind diese Burgen als militärische Lager angesprochen worden (Abb. 9).

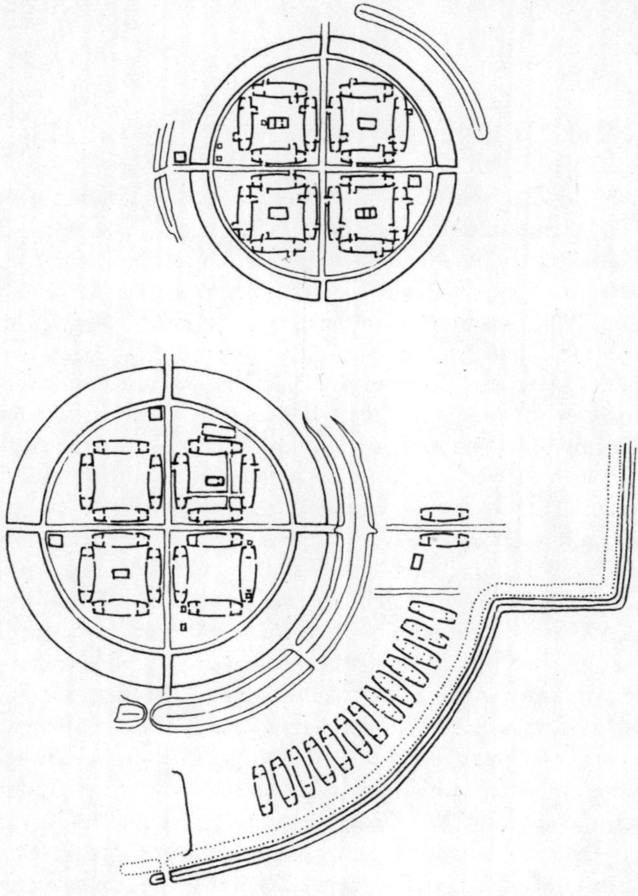

Abb. 9: Oben: Burg Fyrkat, Jütland, unten: Trelleborg, Seeland (nach E. Roesdahl), M = 1:4000.

Trelleborg wurde zuerst untersucht. Ein kreisrunder Wall mit vorgelagertem Graben umschloß einen Innenraum von 140 m Durchmesser. Die vier Tore waren durch ein Straßenkreuz miteinander verbunden. In den dadurch entstandenen Burgvierteln standen jeweils vier fast 30 m lange Häuser mit nach außen gekrümmten Längsseiten, die zu einem Karree angeordnet waren. Ein Viertel der Burg ist nicht ausgegraben worden, um späteren Generationen unter verbesserten Bedingungen Überprüfungen der Befunde zu ermöglichen. Vor dem Graben standen in einem Bogen

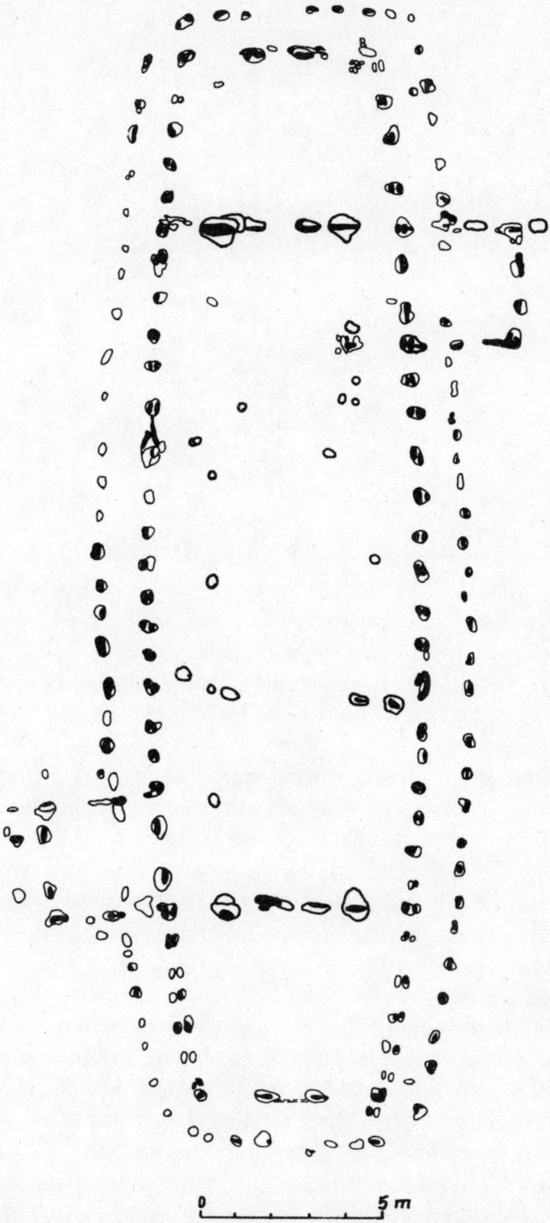


Abb. 10: Langhaus von Fyrkat, Jütland (nach O. Olsen).

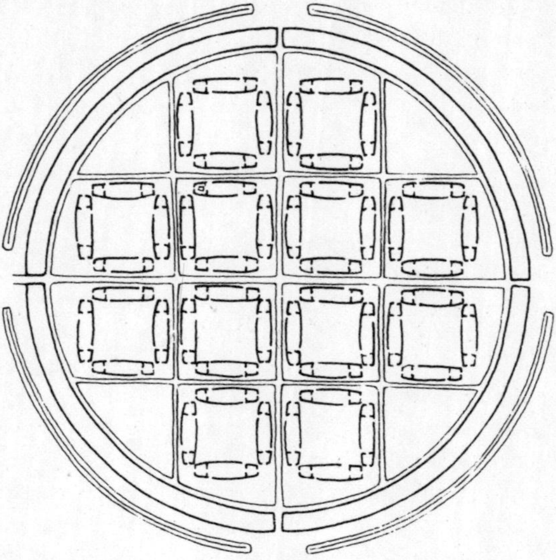

Abb. 11: Die Burg Aggersborg, Jütland (nach E. Roesdahl), M = 1:4000.

fünfzehn weitere schiffsförmige Häuser, und diesen vorgelagert fand sich ein kleines Gräberfeld, auf dem auch Frauen beigesetzt waren. Die Burghäuser besaßen alle einen etwa 18 m langen Hauptraum und an beiden Giebelseiten je einen kurzen Nebenraum (Abb. 10).

Nach demselben Grundprinzip waren auch Fyrkat und Aggersborg erbaut. Aggersborg (Abb. 11) mit einem inneren Durchmesser von 240 m hatte eine dreimal so große Kapazität, da in jedem Burgviertel drei Karrees standen. Fyrkat mit 120 m innerem Durchmesser wies die gleiche Bebauung wie Trelleborg auf. Zu Aggersborg und Fyrkat gehörte keine äußere Zusatzbebauung, doch konnte bei Fyrkat ebenfalls ein kleines Gräberfeld festgestellt und erschlossen werden.

Die auffallend einheitliche Bauweise läßt für diese drei Burgen vermuten, daß sie in organisatorischer Form zusammengehörten. Unmittelbare Vorbilder haben noch nicht aufgezeigt werden können. Vielleicht haben einige Ringburgen auf Walcheren, die von Wikingern während ihrer nachweisbaren Aufenthalte dort in Augenschein genommen sein können, Anregungen geliefert, doch damit ist noch keine Erklärung für die architektonisch präzise Innenbebauung gegeben.

Für die Nutzungsart dieser Präzisionsburgen bietet die Analyse der Funde von Fyrkat einige weiterführende Aufschlüsse. Sowohl die Funde aus dem Burginneren (vor allem aus den Häusern) als auch diejenigen aus dem abseits gelegenen Gräberfeld zeugen von einem gewissen Wohlstand der Bewohner. Innerhalb der Burg sind verschiedene Metallverarbeitungen belegt. So gab es hier Eisenschmiede, Buntmetallgießer und Goldschmiede, deren Arbeitsumfang nach den ergrabenen Zeugnissen jedoch nur für die Deckung des lokalen Bedarfes spricht. Die einzelnen Gebäude dienten unterschiedlichen Zwecken. In einigen fand die Metallverarbeitung statt, andere waren Wohnhäuser beziehungsweise Lagerräume, und eines wurde wahrscheinlich als Festhalle genutzt. Das heißt, sie waren trotz einheitlicher Konstruktion und Größe nicht Allzweckbauten und auch nicht kasernenähnliche Gebäude. Die Wohnbauten und die mögliche Festhalle liegen alle an der Ost-West-Straße, die durch ein Wachhäuschen am Westtor als Hauptstraße kenntlich gemacht ist. Die Werkstätten befinden sich dagegen an der Nord-Süd-Straße. Schmieden und Lagerräume liegen nahe am Wall und damit etwas abseits vom Zentrum.

Das kleine Gräberfeld von Fyrkat umfaßt nur 29 Bestattungen, die beiderseits eines Weges oder einer Plattform angelegt waren. Sowohl Männer als auch Frauen und Kinder sind hier beigesetzt worden. Die reichste Bestattung war bemerkenswerterweise ein Frauengrab. Die in Fyrkat lebenden Frauen müssen demnach am örtlichen Wohlstand teilgehabt haben.

Trotz dieser Beobachtungen und trotz der Tatsache, daß der Haustyp nicht mehr, wie lange Zeit vermutet, als eine rein militärische Bauform angesprochen werden kann, da er inzwischen auch in den großen ländlichen Siedlungen vom Typ Vorbasse im westlichen Jütland nachgewiesen wurde, ist die lagerartige Prägung der drei dänischen Anlagen unverkennbar. Vielleicht waren sie nur kurzfristig besetzt zum Schutz des Landes vor befürchteten äußeren Angriffen, vielleicht waren sie königliche Zwingburgen zur Aufrechterhaltung der Macht, vielleicht aber auch Einschiffungslager für die großen Flotten der Englandzüge, da alle drei Burgen an damals noch beschiffbaren Gewässern lagen. Alle drei Deutungen würden in die Jahrzehnte um die Jahrtausendwende passen, das heißt in die Zeit von Harald Blauzahn, Sven Gabelbart und Knut dem Großen. Wahrscheinlich ist die innenpolitische Bedeutung am geringsten gewesen, da sonst eine längere Nutzungszeit anzunehmen wäre. Für eine gleichzeitige Entstehung und eine relativ kurzfristige Verwendung sprechen nämlich die einheitlich geplanten Bauten ohne erkennbare Reparaturen und Ergänzungen bei der begrenzten Haltbarkeit des Holzes sowie die geringe Anzahl der zugehörigen Gräber, deren Inventare auf die Zeit kurz vor oder um die Jahrtausendwende verweisen. In Trelleborg ergab eine dendrochronologisch bestimmte Probe das Jahr 980/81.

Die drei großen dänischen Burgen sind wohl alle für den gleichen Zweck auf Veranlassung einer Person errichtet worden. Dieses könnte König Harald gewesen sein, der im ausgehenden 10. Jahrhundert Jelling in Mitteljütland zu einem Zentrum seines Herrschaftsgebietes werden ließ (Abb. 12). Die Burgen liegen alle etwa gleich weit entfernt von Jelling, so daß sie zusammen mit dem allerdings älteren, aber dennoch gewiß einbezogenem Danewerk im Süden eine Art Schutzgürtel um sein Reich gebildet haben. Diese Meisterleistungen der Architektur und Ingenieurkunst repräsentieren sicher für einen kurzen Zeitraum königliche Macht und Gegenwart.

Parallel zur Aufführung dieser eindrucksvollen Monumente ist in Dänemark eine weitere Bauaktivität zu verzeichnen, die wohl auch nicht auf private Initiative zurückzuführen ist, sondern ebenfalls als Ausdruck zentraler Machtentfaltung mit überregionaler Ausrichtung zu verstehen ist. Dazu zählt eine laut Dendrochronologie 979/981 errichtete Brücke über den Vejle-Fluß bei Ravning, 10 km entfernt von Jelling. Diese etwa 1 km lange zweispurige Brücke hatte eine Tragfähigkeit von fünf Tonnen. Sie gehört zu einem Überlandwegesystem von Haithabu im Süden nach Nordjütland, und sie vermittelt einen Eindruck von den aufwendigen Bemühungen gerade in dieser Zeit, den dänischen Herrschaftsraum verkehrspolitisch besser zu erschließen.

Vermutlich ebenfalls in der zweiten Hälfte des 10. Jahrhunderts ist auf Samsö im südlichen Kattegat ein in Ost-West-Richtung verlaufender Kanal von 1 km Länge angelegt worden, der durch eine solide Plankenkonstruktion eingefaßt war. Dieses Bauwerk wird in erster Linie von strategischer Bedeutung gewesen sein. Dasselbe gilt für eine aus dicht gesetzten Palisaden gebaute Seebarriere, die bei Hominde auf Lolland als Sperre einer Zufahrt entdeckt wurde. Aufwand und Funktion sprechen auch hier für eine machtpolitisch relevante Konstruktion. Zu anderen Sperren von Wasserwegen, die mit versenkten Schiffen und Steinwällen angelegt wurden, siehe unten.

Als bemerkenswertes Bauwerk des 10. Jahrhunderts muß auch noch der durch einen Verbindungswall an das Danewerk ange-

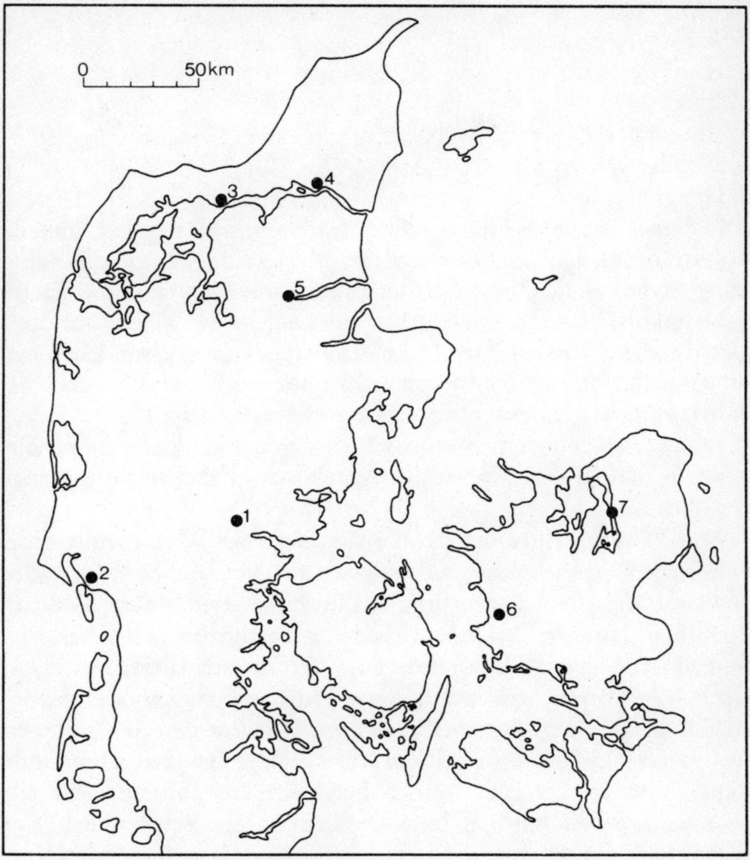


Abb. 12: Bedeutende Fundorte in Dänemark. 1. Jelling, 2. Sædding, 3. Aggersborg, 4. Lindholm Høje, 5. Fyrkat, 6. Trelleborg, 7. Skuldelev.

schlossene Stadtwall von Haithabu (vergleichbar dem im Umfang geringeren von Birka) genannt werden. Als gewaltige Gemeinschaftsleistung ist er vielleicht ebenfalls auf Veranlassung einer einzelnen führenden Persönlichkeit entstanden.

Die genannten Monumente lassen, soweit sie datierbar sind, auch im archäologischen Befund am ehesten ein erstarktes Königtum erkennen.

## INVENTARE: TRACHT, BEWAFFNUNG UND ALLTÄGLICHE GEBRAUCHSGÜTER

Die meisten Aufschlüsse über Tracht und Trachtenschmuck, Waffen und Bewaffnung sowie über vielerlei alltägliche Gebrauchsgüter sind über die Gräber zu gewinnen, die noch während eines erheblichen Teiles der Wikingerzeit nach heidnischer Manier mit Beigaben ausgestattet wurden. Dabei handelt es sich in erster Linie um persönlichen Besitz der Verstorbenen, auf den sie wohl auch über den Tod hinaus eine Art Rechtsanspruch gehabt haben, zum Teil aber sicher auch um eine Art Abschiedsgeschenke, die ihnen für die Fahrt in das Jenseits oder für den Aufenthalt dort mitgegeben wurden.

Auch über das Aussehen der Nordleute um die Jahrtausendwende liefern die Gräber die besten Informationen, obgleich umfangreiche anthropologische Untersuchungen des geborgenen Skelettmaterials noch nicht vorliegen. Die vorhandenen Stichproben und Teilanalysen zeigen aber, daß es eine Bevölkerung mit langschädeligen, schmalgesichtigen Köpfen war, deren Durchschnittsgröße etwas geringer als diejenige der heutigen Skandinavier gewesen ist. Die Hauptsterblichkeit lag zwischen dem dreißigsten und vierzigsten Lebensjahr, wenn von der schwer berechenbaren, aber sicher hoch zu veranschlagenden Säuglingssterblichkeit abgesehen wird. Ein wirkliches Greisenalter scheinen nur wenige Personen erreicht zu haben.

Leider gibt es keine naturalistischen Abbildungen von Nordleuten dieser Zeit, sondern nur sehr schematisierte wikingerzeitliche Darstellungen, die zudem in ihren Ausmaßen sehr gering sind. Doch sind einige zeitgenössische Angaben zum Erscheinungsbild überliefert. In den Augen eines Arabers galten die Wikinger demnach als die schmutzigsten Geschöpfe auf Erden, in England wurde dagegen vermerkt, daß sie sich sehr pflegten, und die Bewohner Haithabus sollen gemäß eines weiteren arabischen Gewährsmannes über eine besondere Schönheitsschminke verfügt haben.

Die Männer scheinen das Haar ziemlich kurzgeschnitten getragen zu haben. Häufig werden sie mit Bärten wiedergegeben. Manche haben gerade wegen ihres auffallenden Haar- und Bartwuchses sehr anschauliche Beinamen erhalten: Erich der Rote, Harald Haarschön und Sven Gabelbart. Die Frauen trugen das Haar entweder am Hinterkopf in einem Haarnetz gebündelt bzw. durch Ziernadeln gehalten oder aber durch einen großen Knoten gerafft, pferdeschwanzartig lang herabfallend.

Zur Tracht sind nur wenige Angaben überliefert. Die meisten stammen von arabischen Beobachtern, die die Wikinger als Rus allerdings vorwiegend in einem fremden Milieu kennenlernten, in dem sie offensichtlich schnell außernordische modische Extravaganzen annahmen. Besonders fiel ihre Hosentracht auf.

Zeitgenössische Abbildungen auf einem Wandteppich des 9. Jahrhunderts von Oseberg bei Oslo sowie weiterhin auf gotländischen Bildsteinen, als Holzschnitzereien und in Form von kleinen menschengestaltigen Fibeln lassen zusammen mit den zuweilen an Metallen festoxydierten Textilresten und den Anordnungen des Trachtenschmuckes in den Körpergräbern ein recht genaues Bild der wikingischen Trachten rekonstruieren.

Als weibliches Kleidungsstück war allgemein ein langer, bis zu den Knöcheln reichender Rock verbreitet, der hinten zuweilen schleppenartig erweitert gewesen ist; er wurde über den Schultern durch Träger gehalten (Abb. 13). Ob die schleppenartige Erweiterung eventuell nur zu einer Festtagstracht gehörte, ist nicht zu entscheiden. Hinzu kam ein Tuch als Umhang oder ein kurzes Cape als ärmelloser Mantel (Abb. 14). Manchmal wurde zusätzlich ein schürzenartiges langes Textilstück getragen. Diese Oberbekleidung bestand aus Wollstoffen, für die sowohl grobgewebte Tuche als auch feinere Waren belegt sind. Ergänzend fanden manchmal auch wertvolle Stoffe wie Seide und Brokat Verwendung. Gut belegt ist auch eine Unterkleidung aus Leinen, vor allem in Form eines langen Hemdes.

Zur Männertracht gehörte wohl stets eine lange Hose. Hinzu kam ein Kittel mit Ärmeln, der bis über die Hüften reichte. Weiterhin konnten die Männer ebenso wie die Frauen einen ärmellosen Umhang tragen. Auf einigen Bildzeugnissen ist eine Art von Pumphosen dargestellt, die jedoch nicht im Gegensatz zu allen übrigen genannten Kleidungsstücken in ihrer Grundform auf einheimische nordische Tradition zurückzuführen ist.

Die Herstellung der Textilien erfolgte wohl überwiegend in selbstversorgender Heimarbeit. Spinnwirtel und Webgewichte vom senkrechten Gewichtswebstuhl sind allenthalben in den Siedlungen vertreten. Doch ist in Ausnahmefällen auch der Erwerb fertiger

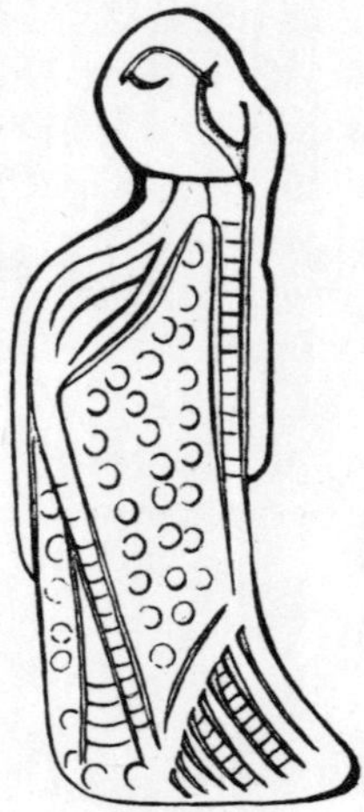

Abb. 13: Fibel, Frauenfigur mit Schleppgewand, von Sibble, Södermanland (nach einer Fotovorlage), M = 2 : 1.

Tuchballen bezeugt. Vor allem friesische Tuche scheinen eine wichtige Rolle gespielt zu haben. Das wird für den karolingischen Bereich bezeugt, und es dürfte auch für den Norden gelten. Wie oben erwähnt, konnte zum Beispiel in Elisenhof eine intensive Schafzucht mit Überschußproduktion an Wolle erschlossen werden.

Als Ergänzungen zur Textiltracht sind sowohl bei Männern als auch bei Frauen Gürtel und Schuhe zu nennen, während für Kopfbedeckungen keine verbindlichen Aussagen gemacht werden können. Gürtel müssen nicht zwangsläufig metallene Bestandteile gehabt haben, so daß sie wesentlich häufiger – zum Beispiel in Verbindung mit dem hüftlangen Kittel – anzunehmen sind, als es durch aufgefundene Schnallen und Riemenenden sichtbar wird. Die Schuhe waren entweder aus einem Stück als Bundschuhe gefertigt oder aus mehreren Teilen zusammengefügt. Es wurden Halbschuhe und kurzschäftige Stiefel getragen. Als Oberleder ist geschmeidiges Ziegenleder belegt, für Sohlen wurde Ziegen- und Rindsleder verwendet.

Zu den Trachten gehörten verschiedenartige Schmuckstücke, die zum Teil in feststehenden Garnituren getragen wurden. Sie zeugen von einem ausgeprägten Schmuckbedürfnis, das bei manchen Formen aufgrund ihrer Beliebtheit zu einer regelrechten Massenproduktion führte. Hauptbestandteil waren bei Männern und

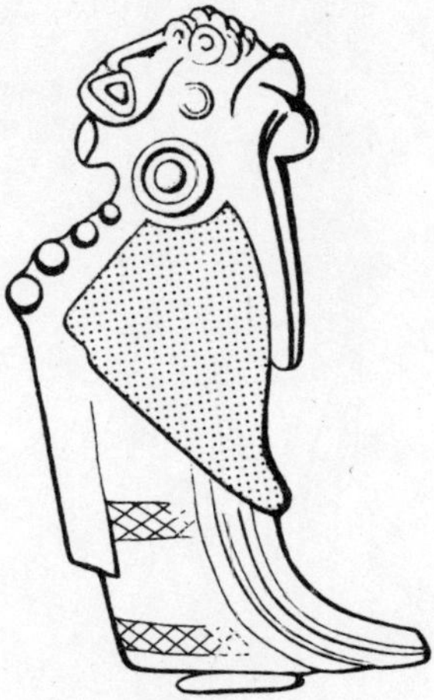

Abb. 14: Fibel, Halsschmuck tragende Frauenfigur mit Schleppgewand, von Tuna, Uppland (nach einer Fotovorlage), M = 2 : 1.

Frauen Fibeln, zum Teil in schwergewichtigen Exemplaren, die eine doppelte Funktion als Kleidungsverschluß und als Zierträger hatten. Sie sind in der Regel aus Bronze, zuweilen auch aus Silber, aber nur sehr selten aus Gold gefertigt.

Der Frauenschmuck bestand aus zwei schalenförmigen, etwa 10 cm langen, reich mit Ornamenten geschmückten Spangen, die vor den Schultern die Rockträger verschlossen (Abb. 15). Ergänzt wurden sie durch eine den Umhang verschließende scheibenförmige (Abb. 16), gleicharmige oder kleeblattförmige (Abb. 17) dritte Fibel. Auf Gotland wurden als regionale Besonderheit statt ihrer eine dosenförmige und statt der Schalenfibeln zwei trapezoide Fibeln getragen. Die Kleeblattfibeln sind dabei entwicklungsgeschichtlich von besonderem Interesse, da ihre Form auf karolingische Schwertgurtbeschläge zurückzuführen ist. Es ist also hier ein Funktionswandel von einem Ausstattungsstück männlicher Bewaffnung auf dem Kontinent zu einer weiblichen Brosche im Norden zu verzeichnen.

Zur Männertracht gehörte lediglich eine gleicharmige oder eine hufeisenförmige Fibel als vorderer Verschluß des Umhanges.

Weitere Schmuckformen sind seltener belegt. So sind Ohrschmuck und verschiedene Ringformen nur spärlich vertreten. Nur bunte Perlenketten und Ziernadeln scheinen sich bei den Frauen

Abb. 15: Schalenfibel im Berdalstil von Myklebostad, Sogn og Fjordane (nach J. Petersen), M = 1 : 1.

Abb. 16: Scheibenfibel im Jellingstil von Ytre Arne, Hordaland (nach J. Petersen), M = 1 : 1.

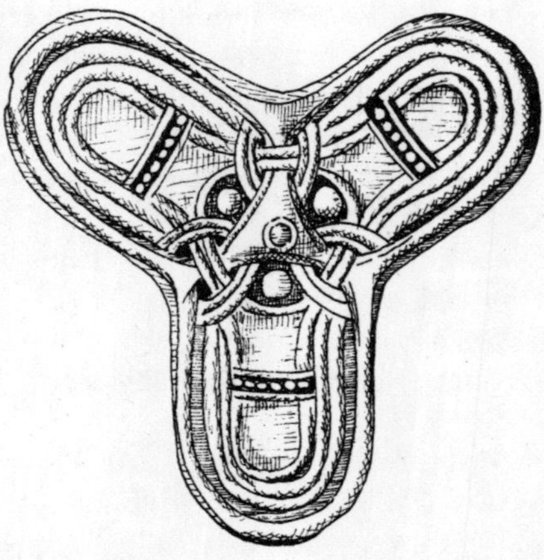

Abb. 17: Kleeblattfibel von Vaagstad, Akershus (nach J. Petersen), M = 1 : 1.

noch einer weiten Verbreitung erfreut zu haben, wobei die Nadeln auch als zusätzliche Schließe an der Kleidung sowie zur Stabilisierung aufgebauter Frisuren dienen konnten.

Die wikingerzeitlichen Trachten können im wesentlichen als sehr einheitlich gelten, obgleich es natürlich landschaftliche kleine Variationen gegeben hat – wie zum Beispiel auf Gotland (Abb. 18). Die Übereinstimmungen beziehen sich dabei nicht nur auf die textilenen Bestandteile, sondern auch auf die Kombinationen des Trachtenschmuckes. Sie werden damit also neuzeitlichen Volkstrachten vergleichbar, und sie sind ebenso wie diese ethnisch gebunden gewesen.

Ebenfalls am besten anhand der Grabfunde erkennbar sind die einzelnen Waffenformen und deren Zusammenstellungen zu einsatzfähigen Bewaffnungen. Bilddenkmäler sind hierfür nur sehr begrenzt aussagefähig.

Erstaunlich ist das geringe Schutzbedürfnis der Wikinger im Kampf gewesen. Brünnen und Helme wurden gemäß archäologischer Überlieferung nicht getragen, obwohl beides in der voraufgehenden Vendelzeit sowohl in Schweden als auch in Norwegen bekannt war. Zwar gibt es einige Darstellungen konischer Kopfbedeckungen, doch muß es sich dabei um etwas anderes als Helme gehandelt haben. Lediglich der Schild war so weit verbreitet, daß er eine Art Standardwaffe gewesen sein wird. Der aus schmalen Brettern zusammengesetzte Schild war rund, zuweilen mit metallenen Beschlägen verstärkt und besaß fast stets einen eisernen Schildbuckel im Zentrum, um die Hand besonders zu schützen. Manche Schilde müssen reich bemalt gewesen sein. Dies ist daraus zu folgern, daß Helden laut altnordischer Überlieferung in Anlehnung an die auf ihrem Schild in Bildern wiedergegebenen Taten besungen wurden. Zu dem Schiffsfund von Gokstad nahe Oslo gehörten an der Reling aufgehängte bemalte Schilde, die allerdings nur abwechselnd schwarz und gelb gestrichen waren. Auf gotländischen Bildsteinen sind ebenfalls oft an der Reling aufgehängte Rundschilde zu erkennen. Sie erhöhten in dieser Anordnung die Bordwand, und sie konnten daher ebenso vor überschlagenden Wellen wie vor einem Pfeilhagel schützen.

Vielfältiger waren die Angriffswaffen. Unter ihnen sind an erster Stelle die zweischneidigen Langschwerter zu nennen, deren qualitätvolle, stahlartig harte Klingen den Inschriften gemäß zuweilen aus dem karolingischen Gebiet importiert wurden. Exportierende Schwertfeger müssen den Namenformen nach zu urteilen am Nie-

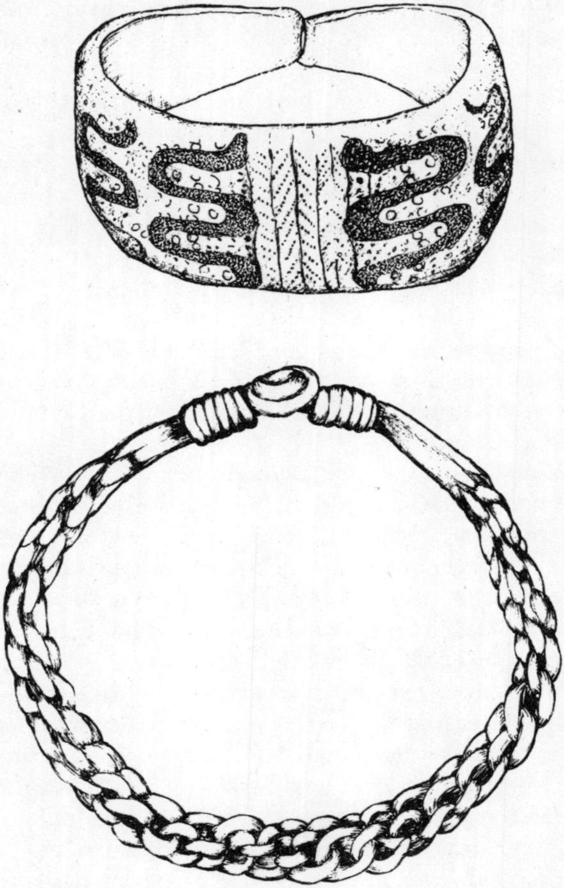

Abb. 18: Silberner Armschmuck aus Schatzfunden auf Gotland (nach M. Stenberger), M = 1 : 1.

derrhein ansässig gewesen sein. Die drei- oder fünfgliedrige charakteristische Knaufbildung vieler wikingischer Schwerter macht jedoch deutlich, daß die Fertigstellung dieser Waffe jeweils in einer einheimischen nordischen Werkstatt erfolgt sein muß. Auch die Streitaxt ist als gefürchtete Waffe der Nordleute überliefert und sowohl in einfacher als auch in verzierter Prunkausführung in Grabfunden belegt. Sie wurde als Hiebwaffe und auch als Wurfwaffe eingesetzt. Häufig vertreten ist ebenfalls der Speer, der besonders wirkungsvoll zur Eröffnung eines Kampfes geworfen wurde. Die

Lanze als Stoßwaffe ist dagegen vornehmlich in der jüngeren Wikingerzeit in einigen reich ausgerüsteten Gräbern Berittener vorhanden.

Welche Rolle schließlich Pfeil und Bogen gespielt haben, läßt sich noch nicht zutreffend beurteilen. Sicher ist die Bedeutung dieser Fernkampfwaffe bisher unterschätzt worden. Sie ist nämlich nur selten in den Funden nachzuweisen, da sämtliche Teile aus organischem Material bestanden haben können. Neue Funde aus Haithabu erweisen aber die Verwendung von Langbögen. Sie sind aus Eibenholz gefertigt, das bereits Jahrhunderte zuvor in der germanischen Welt wegen seiner Elastizität für die Herstellung von Bögen bevorzugt worden ist. Die mannshohen Bögen müssen im Stand benutzt worden sein, das heißt, sie sind kaum als Jagdwaffen, sondern wohl ausschließlich als Kampfwaffen anzusprechen. Da in der zeitgenössischen Literatur 'Pfeilhagel' genannt werden, ist hier und da vielleicht an den Einsatz von ganzen Bogenschützengruppen zu denken.

Berittene Kämpfer werden vereinzelt in reichen Waffengräbern sichtbar. Das gilt vor allem seit dem 10. Jahrhundert, da seitdem auch Steigbügel vorhanden sind, die es erschwerten, den Reiter beim Stoß mit einer Lanze aus dem Sattel zu heben. Solche Kavallerieausstattungen finden sich in einem weiten Gürtel um den Königssitz Jelling in Jütland; sie markieren wahrscheinlich, ähnlich wie die Burgen und das Danewerk, eine durch bewaffnete Reiter besonders bewachte Grenzzone. Aber erst im 11. Jahrhundert spielten sie zahlenmäßig eine größere Rolle: Wilhelm der Eroberer wurde bei seiner Einnahme Englands im Jahre 1066 von berittenen Kriegern unterstützt, deren Pferde unmittelbar aus den Schiffen mit ihrem geringen Tiefgang am seichten Ufer in das Wasser aussteigen konnten (Abb. 35) und somit den mit den Schiffen begonnenen Angriff an Land ohne Verzögerung fortsetzen ließen. Häufig wird der Erfolg wikingischer Kampfesweise gerade durch einen solchermaßen möglichen Überraschungseffekt zu erklären sein.

Die Kriegsflotten müssen, abgesehen von kleinen „Privatunternehmen", bei gut organisierten Kämpfen unter der Führung starker Persönlichkeiten bemerkenswert groß gewesen sein. So sollen im Jahre 810 unter dem dänischen König 200 Schiffe Friesland angegriffen haben, und im Jahre 845 werden 600 Hamburg überfallende Schiffe überliefert. Zwar sind solche Angaben von den Betroffenen sicher übertrieben worden, doch muß es sich schon um beachtliche Flotten gehandelt haben. Es muß nicht zuletzt aufgrund der genannten Taktik überaus schwierig gewesen sein, sich ihrer zu erwehren. Selbst der von den Karolingern eingerichtete Küstenschutz gegen die überraschend einfallenden Wikinger war wenig erfolgreich, da er küstengebunden war und keine patrouillierenden Schutzflotten zum Einsatz kamen; Vorwarnungen oder gar ein Abfangen der sich nähernden Flotten bereits auf See war solchermaßen nicht zustande zu bringen.

Innerwikingische Auseinandersetzungen fanden außer in der Spätzeit nur selten mit größeren Einheiten statt, wie zum Beispiel bei einem von Dänemark ausgehenden Angriff Birkas im Mälarsee, der durch Rimbert überliefert ist. In der Regel waren es nur Familienfehden, die mit kleinen Hilfsgruppen ausgetragen wurden. Größere Kontingente konnten dagegen zur Aufrechterhaltung königlicher Macht eingesetzt werden, wie das beispielsweise unter Harald Schönhaar im 9. Jahrhundert in Norwegen geschehen ist.

Ständige stehende Heere größeren Umfanges hat es nicht gegeben und damit auch nicht allenthalben Berufskrieger. Selbst in Verbindung mit den Burgen vom Typ Trelleborg hat das nicht nachgewiesen werden können. Größere Mengen Bewaffneter wurden nur im Bedarfsfalle ausgehoben, und zwar entweder auf freiwilliger Basis oder mit Hilfe einer im Land ansässigen und verteilten Gefolgschaft, die zeitweilig zu Kriegsdiensten verpflichtet war.

Über die Erkenntnisse zu Tracht und Bewaffnung hinaus liefern die Grabfunde auch solche zum alltäglichen Gebrauchsgerät. Allerdings bieten sie natürlich nicht einen repräsentativen Querschnitt des ehemals Vorhandenen, da zum Grabritus eine Selektion gehörte, im Rahmen derer nur bestimmte Objekte als Grabinventare vorgesehen waren. Von der Größe der Gegenstände war diese nicht unbedingt abhängig, denn es sind ausnahmsweise außer Booten und Schiffen auch andere Transportmittel sowie Möbel mitgegeben worden.

Zu den noch erfaßbaren Beigaben zählen Gefäße, die wohl als Behältnisse für Speise und Trank für die Fahrt in das Jenseits gedient haben. Erstaunlich ist jedoch im Vergleich mit anderen Zeiten, daß Keramik relativ spärlich vertreten ist, das heißt, daß ganze Service nicht zur Ausstattung der Toten gehörten, sondern lediglich einzelne Gefäße. Bei den überwiegend einheimischen Gefäßen handelt es sich fast nur um ziemlich niedrige Töpfe oder Krüge, die recht ausdruckslos sind. Sie sind alle durch ringförmig aufgelegte Tonwülste entstanden, da die schnell rotierende Drehscheibe in Skandinavien zu dieser Zeit noch keinen Eingang gefunden hatte. In Birka wirken einige bauchige Krüge mit Wellenbandornamenten und Bodenstempeln slawisch, doch hat die mineralogische Untersuchung ergeben, daß diese bis auf einige Ausnahmen unter Aufnahme slawischer Elemente ebenfalls im Norden hergestellt wurden. Echte Importkeramik, vornehmlich rheinischer Provenienz, ist nur mit wenigen Prozent vertreten. Sie tritt eigentlich nur an den größeren Plätzen auf, die direkt vom Fernhandel erreicht wurden.

Andere Gefäße sind aus Speckstein, einem feinschuppigen Steatit, geschnitten. Dieses Material steht in Norwegen, aber auch in Mittelschweden an. Meist wurde es im Tagebau gewonnen. Am besten war es im bergfrischen Zustand zu bearbeiten; daher sind am Berg roh vorgeformte Gefäße heute noch anzutreffen. Der mit einem einfachen Eisenmesser bearbeitete Speckstein ist hitzeunempfindlich und deshalb nicht nur für Kochtöpfe, sondern auch für Gußformen und -tiegel verwendet worden. Das größte bewahrte Specksteingefäß hat einen Durchmesser von nahezu einem halben Meter. Manche wurden als ineinander passende Sätze gefertigt. Viele zeigen Spuren einer Aufhängungsvorrichtung: Sie konnten unmittelbar über dem Feuer an Ketten befestigt werden. In gleicher Weise fanden vor allem in Norwegen auch große Eisenkessel Verwendung. Diese sind ebenfalls aus einheimischem Rohstoff hergestellt, während die selten vorkommenden Bronzegefäße und die noch selteneren Silbergefäße Importe darstellen.

In welchem Umfang hölzerne Gefäße benutzt wurden, ist aufgrund ihrer relativ schnellen Vergänglichkeit im Boden nicht mehr zu erschließen. Da aber noch in der Neuzeit in bäuerlichen Haushalten Skandinaviens Holzgefäße verschiedenster Art gebraucht wurden, wird es ähnlich in der Wikingerzeit gewesen sein. Belegt sind an einigen Orten mit guten Erhaltungsbedingungen für organische Materialien aus Laubhölzern geschnitzte Gefäße sowie solche, die aus Nadelhölzern geböttchert waren. Letztere können als große Bottiche mit Metallreifen und -beschlägen stabilisiert sein. Gedrechselte Gefäße waren dagegen aus einheimischer Produktion noch nicht bekannt, da die Drehbank den Norden noch nicht erreicht hatte.

Zu nennen sind schließlich noch Glasgefäße, die als Luxusgüter aus dem Fränkischen Reich in den Norden gelangten, aber dort fast ausschließlich an den großen Handelsplätzen verblieben. Nicht zuletzt ihre Bruchgefährdung beim Landtransport wird eine weitere Streuung verhindert haben.

Eine einzigartige Vorstellung einer häuslichen Ausstattung ver-

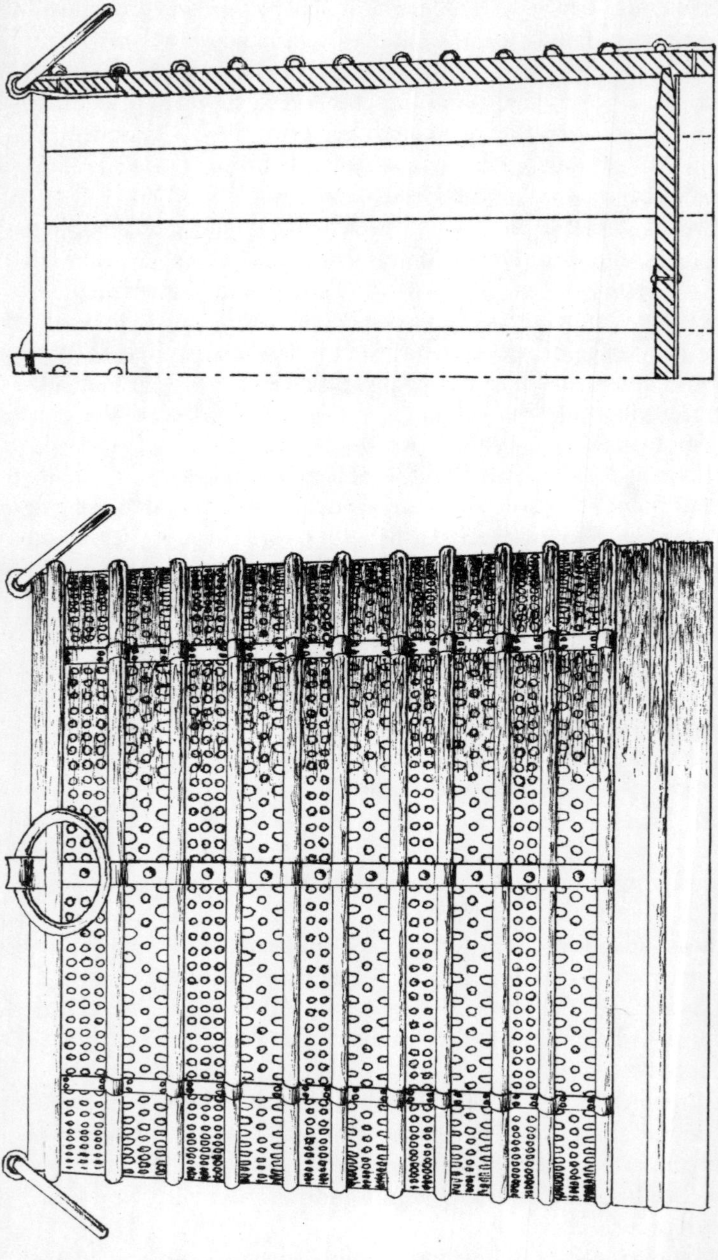

Abb. 19: Mit Bronze beschlagener Daubeneimer von Oseberg, Vestfold (nach T. Capelle), M = 1:5.

mittelt das Oseberggrab nahe Oslo aus der Mitte des 9. Jahrhunderts. Aus der Fülle des Inventars sei nur einiges exemplarisch genannt: Zum Küchengerät gehörten mehrere Fässer aus Holz (Abb. 19), Eisenkessel, Dreifuß, Herdhaken und eine Bratpfanne, an Möbeln waren vorhanden Hocker, drei Betten, ein Stuhl mit Rückenlehne und Truhen, als persönliche Arbeitsgeräte der bestatteten vornehmen Dame oder ihrer Dienerin sind mindestens vier Webstühle, Holzspindeln, Klöppel, hölzerne Nadeln, eiserne Schere und ein Nähkästchen zu verzeichnen, und um ein eventuelles Anwesen bewirtschaften lassen zu können, hatte sie auch noch mehrere hölzerne Spaten, eine Mistgabel und zwei Hacken mitbekommen. Damit ist nur das Hausgerät im weitesten Sinne aufgezählt. Da das Grabgut sicher nur einen Ausschnitt aus den zu Lebzeiten benutzten Alltagsgütern darstellt, wird die tatsächlich vorhanden gewesene Vielfalt noch größer gewesen sein. Vieles davon wirkt geradezu neuzeitlich. Allerdings war ein solcher Reichtum gewiß nicht überall gegeben. Das Teil-Inventar wurde hier dennoch genannt, um das weite Spektrum der Möglichkeiten aufzuzeigen. Daß es Besitzstaffelungen in erheblichem Maße gegeben hat, haben schon die in ihrer wirtschaftlichen Stärke sehr gegensätzlichen Formen der Siedlungen gezeigt. Selbstverständlich spiegelt sich das auch in der Ausstattung wikingerzeitlicher Gräber, ohne daß allerdings Wert und Umfang der Beigaben die gesellschaftliche Stellung der Verstorbenen zwingend zu erkennen geben müssen. Dennoch wird der Schluß berechtigt sein, daß manche vornehmen Gegenstände, wie etwa silberne Trinkgefäße, zuweilen eine geradezu höfisch anmutende Lebensweise spiegeln.

## HEIDNISCHES UND DIE MISSION

Am deutlichsten treten Momente des Heidentums in den Bestattungssitten hervor, da die Gräber überwiegend nach traditionellen Ritualen angelegt worden sind. Sowohl Brandgräber als auch Körpergräber sind belegt. Sie lassen bisher weder chronologische noch regionale Gruppierungen erkennen. An den großen Handelsplätzen sind sie nachweisbar zeitgleich vertreten, wobei jedoch die Körperbestattungen zahlenmäßig überwiegen. Meist wurden die Toten in einfachen Holzsärgen beigesetzt, zuweilen aber auch in sekundär zweckentfremdeten trogförmigen Wagenkörben oder gar in großen gezimmerten Grabkammern (Abb. 20). Die beiden letztgenannten Arten sind häufig mit besonders guten Ausstattungen an Beigaben verbunden. Kleinere Hügel sind wohl durchweg anzunehmen, da nur selten Störungen durch nachträgliche Grabüberschneidungen zu beobachten sind; im Umfeld von Birka sind Grabhügelfelder gut erhalten. Prunkgräber können von beachtlich hohen Hügeln bedeckt sein, die unter großem Aufwand errichtete, regelrechte Denkmäler für die Verstorbenen sind. Im Gegensatz zu vergleichbar großen Hügeln der Bronzezeit enthalten sie keine Nachbestattungen im Hügelmantel.

Üblich war die gestreckte Rückenlage der Toten. Anfangs waren sie Nord–Süd orientiert, später wohl unter christlichem Einfluß Ost–West. Bei Kammergräbern findet sich im Inneren manchmal eine podestartige Erweiterung, auf der ein mitbestattetes Pferd Platz gefunden hat.

Ganz große Gräberfelder wurden bisher nur bei den stadtartigen Siedlungen angetroffen. Bei Birka sind über 2000 Gräber bekannt, von denen etwa 1100 ausgegraben worden sind, und bei Haithabu wurden mehr als 1000 Gräber erschlossen. Andere umfangreiche Bestattungsplätze sind Stora Ire auf Gotland, Lindholm Høje am Limfjord und Thumby-Bienebek an der Schlei. Die Lage dieser küsten- und ufernahen Plätze verweist auf die Bedeutung der Wasserwege.

Besonders bemerkenswert ist das Gräberfeld Lindholm Høje, das vor allem durch zahlreiche Steinmonumente auffällt. Diese waren nicht immer wie heute sichtbar, da ein Teil während des letzten

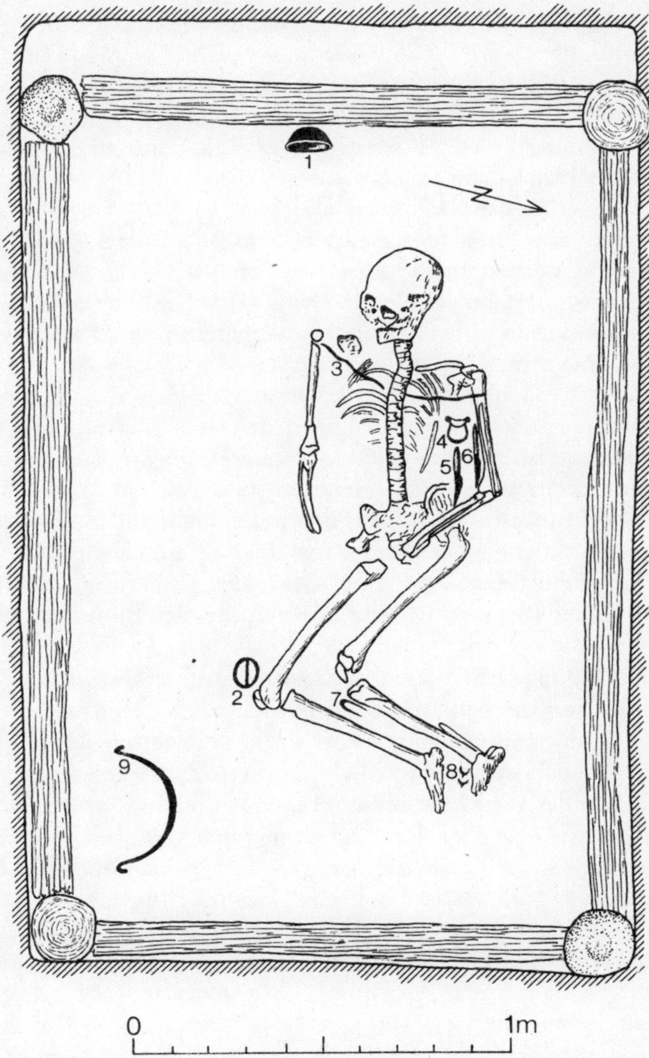


Abb. 20: Plan des Kammergrabes 333 von Birka, Uppland
(nach H. Arbman).

Jahrtausends stets von Flugsand überdeckt war; erst zu Beginn des 20. Jahrhunderts gab der Sand die Gräber wieder frei. Das etwa 500 Jahre lang benutzte Gräberfeld wurde im wesentlichen im 9. und 10. Jahrhundert belegt. Diese Bestattungen sind alles Brandgräber mit entsprechend spärlichen Beigaben. Ungefähr 250 von diesen werden von ovalen oder schiffsförmigen Steinsetzungen umrahmt. Wie Hitzespuren im Sand anzeigen, fand die Leichenverbrennung in der Regel am Grabplatz statt.

Etwa 25–30% der Gräber auf wikingischen Friedhöfen sind Kinderbestattungen. Sie sind in gleicher Art angelegt wie diejenigen der Erwachsenen. Ob mit der genannten Anzahl die tatsächliche Sterblichkeitsquote erfaßt wird, muß fraglich bleiben. Vor allem Säuglinge müssen nicht unbedingt auf den allgemeinen Friedhöfen beigesetzt worden sein.

In einigen Fällen wurden Doppel- und Mehrfachbestattungen beobachtet, die gleichzeitig angelegt worden sind. Dabei kann es sich um Gefallene, aber auch um Sklaven- oder Witwenmitbestattungen handeln. Letzteres ist auch literarisch bezeugt. An mitbestattete Sklaven oder Diener ist anhand des archäologischen Befundes am ehesten wohl dann zu denken, wenn eine weitere Person ohne Beigaben in einem aufwendigen Grab liegt. Der Araber Ibn Rustah berichtet sehr anschaulich von grausam anmutenden Bestattungen bei den Rus:

„Wenn ein Häuptling unter ihnen stirbt, graben sie ihm ein Grab wie ein geräumiges Haus und legen ihn dort nieder. Ihm folgen seine Kleider, goldene Armbänder, eine große Menge Speisen, Gefäße mit Getränken sowie geprägte Münzen. Weiterhin legen sie auch die Frau mit in das Grab, die er am meisten liebte, und zwar während sie noch lebt. Dann wird das Grab geschlossen, und sie stirbt dort."

Eigentlich kann davon ausgegangen werden, daß in heidnischer Zeit Beigaben für die Reise in das Jenseits oder für den Aufenthalt dort in den Gräbern auftreten, in christlicher Zeit dagegen nicht, da die Kirche die Fürsorge für das Seelenheil übernahm. Im wikingischen Norden gilt diese Trennung nicht generell. Hier begegnen auch in heidnischer Zeit beigabenlose Bestattungen. Das kann neben unterschiedlichen Vorstellungen von der Notwendigkeit materieller Ausstattungen auf reine Armut zurückzuführen sein, es kann aber auch durch den von Snorri überlieferten Brauch bedingt sein, sich als Selbstausstattung durch Vergraben von Eigentum zu Lebzeiten eine Verfügung über diese Objekte über den Tod hinaus auch im Jenseits zu sichern:

„Odin führte nun die Gesetze ein in seinem Lande, die seit altersher bei den Asen gegolten hatten. So bestimmte er, daß alle Toten verbrannt würden und daß all ihre bewegliche Habe mit auf den Scheiterhaufen gelegt werden sollte. Denn er sagte, jeder solle mit so reichem Besitz nach Valhall kommen, als auf seinem Scheiterhaufen bei ihm gewesen sei. Dort sollte er auch die Schätze besitzen, die er in der Erde vergraben hätte. Die Asche aber sollte man in die See streuen oder in die Erde vergraben. Über vornehmen Männern aber sollte ein Grabhügel errichtet werden zu ihrem Gedächtnis. Aber zur Erinnerung an besonders mannhafte Männer sollte man Bautasteine errichten. Und dieser Brauch hielt sich noch lange nachher" (Ynglingasaga, cap. 8).

Eine in der Mitte des 10. Jahrhunderts in Birka zu beobachtende vorübergehende Beigabenabnahme hängt dagegen wahrscheinlich mit dem Wirken des Bischofs Unni zusammen; zur gleichen Zeit treten dort nämlich auch christliche Kreuze als Anhänger in einigen Frauengräbern auf.

Beigefäße als Behältnisse für Speise und Trank sind relativ selten vertreten. Häufiger ist dagegen die persönliche Habe mit in das Grab gelangt, die am Körper getragen wurde. Dazu können Messer, Kämme, Pinzetten, Feuerstähle, Schlüssel und ähnliches gehören. Die Frauen bekamen weiterhin ihren Trachtenschmuck mit, die Männer oft auch ihre Waffen. Seltener gibt es eine zusätzliche Ausstattung etwa mit Schmuckkästchen, Gläsern, Spielbrettern oder anderem. Berufsspezifische Beigaben wie die Feinwaagen und Gewichtssätze der Kaufleute sind zuweilen ebenfalls belegt. Aufwendiger verhält sich das natürlich in den reichen Prunkgräbern wie beispielsweise in dem oben bereits erwähnten Oseberggrab. Auswahl und Staffelung der Beigaben lassen eine gewisse Vorstellung von Tätigkeitsbereichen und Lebensstandard in den wikingischen Gemeinschaften gewinnen.

Über die zugehörigen Bestattungszeremonien ist weder im Hinblick auf die einfachen Gräber der großen Friedhöfe noch hinsichtlich der einzeln gelegenen Prunkgräber wirtschaftlich starker und/oder führender Persönlichkeiten Näheres bekannt. Allerdings wird in den Sagas von großen Leichenfeiern berichtet.

Zu den bemerkenswertesten Gräbern im Norden zählen die Bestattungen in Booten (Abb. 21) oder gar Schiffen. Davon sind weit über 400 bekannt. Manche werden nie mehr zu erfassen sein, da gemäß der altnordischen Überlieferung Bestattungen auch in brennenden, auf das offene Meer hinaustreibenden Booten vorgenommen

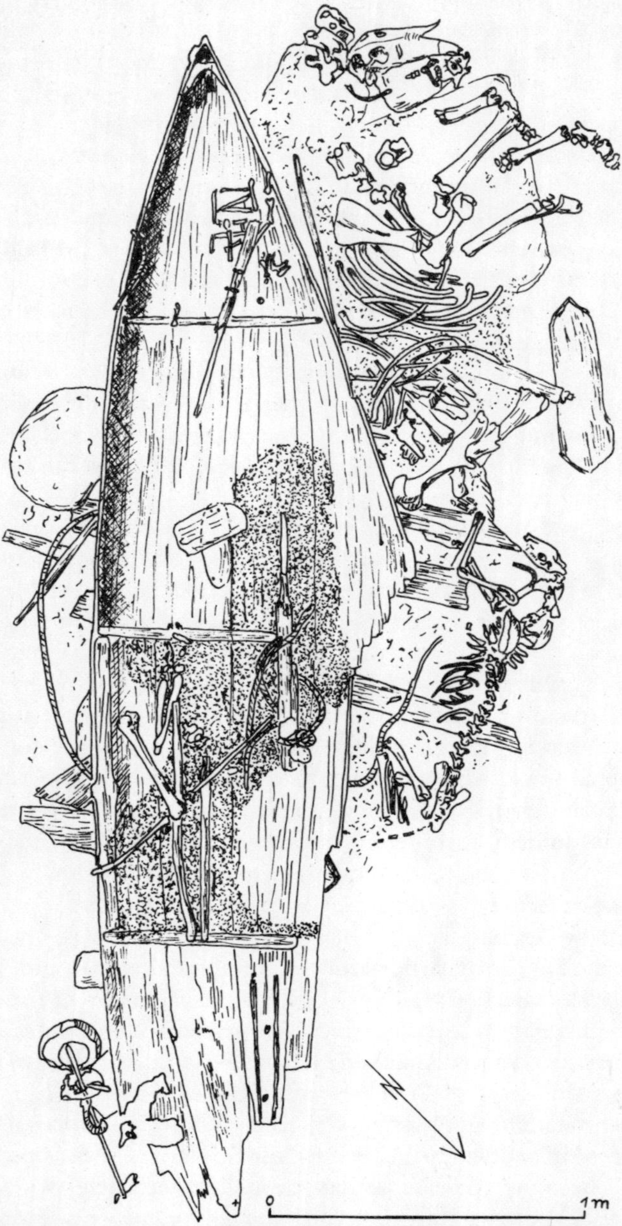


Abb. 21: Bootgrab von Årby, Uppland (nach H. Arbman).

wurden. Die frühesten Beispiele stammen aus der römischen Kaiserzeit, die meisten jedoch aus der Wikingerzeit. Naturgemäß treten sie vorwiegend in küstennahen Gebieten auf. Oft sind diese sowohl für Männer als auch seltener für Frauen angelegten Bestattungen mit ihren großen Grabräumen durch reiche Beigaben ausgezeichnet. Sie stellen darüber hinaus eine der wichtigsten Quellen für die Kenntnis des wikingischen Schiffsbaues dar (dazu siehe unten). Das wohl schönste und eindruckvollste Beispiel bietet das Prunkschiff des Oseberggrabes (Abb. 22).

Bootgräber sind nur im Norden und in den vom Norden beeinflußten Räumen bekannt geworden. Nur selten sind so gute Erhaltungsbedingungen wie in Oseberg gegeben, da die Hügel nicht aus konservierenden Soden, sondern aus Erdaufschüttungen bestehen. Die Holzsubstanz ist oft ganz vergangen, so daß sich nur die Klinkerniete noch in ursprünglicher Lage befinden. Manchmal hat das Boot auch mit auf dem Scheiterhaufen gelegen; dann ist es nur noch anhand der großen Menge der spezifischen Nietformen nachzuweisen.

Es ist durchaus möglich, daß die Mitgabe eines Bootes beziehungsweise dessen Verwendung als Grabkammer mit der Vorstellung einer über Wasser führenden Fahrt in das Jenseits verbunden war. Doch sprechen schriftliche Zeugnisse dafür, daß das Boot auch eine ganz normale Beigabe gewesen sein kann. Dann ist es lediglich statusbetonend mitgegeben worden, weil der Besitz eines Bootes das Ansehen hob, das es auch im Jenseits zu dokumentieren galt. Auf jeden Fall sind Bestattungen in Booten in erster Linie unabhängig von einer profanen oder kultischen Anbindung als Ausdruck einer seefahrenden Bevölkerung zu verstehen. Dasselbe gilt für die vielen Schiffsdarstellungen auf gotländischen Bildsteinen sowie für die Schiffsetzungen.

Auf Steinen errichtete Schiffsetzungen, wie sie für das Gräberfeld Lindholm Høje in Jütland bereits genannt wurden, gibt es im Norden seit der ausgehenden Jungsteinzeit, doch wurden die meisten erst in der Wikingerzeit gebaut. Zu einigen gehört ein Runenstein, der gleichsam wie ein Mast auf der mittleren Längsachse steht. Manche Setzungen mit einem Längen-Breiten-Verhältnis von bis zu 2:1 wirken am ehesten wie die Wiedergabe schwerfälliger Lastschiffe, andere mit einem Verhältnis von bis zu 7:1 dagegen wie schlanke, wendige Mannschaftsboote. Die Durchschnittslänge beträgt etwa 10 m; sie entspricht damit derjenigen realer Boote. Der Grundriß ist stets spitzoval, das heißt Bug und Heck waren gleich-

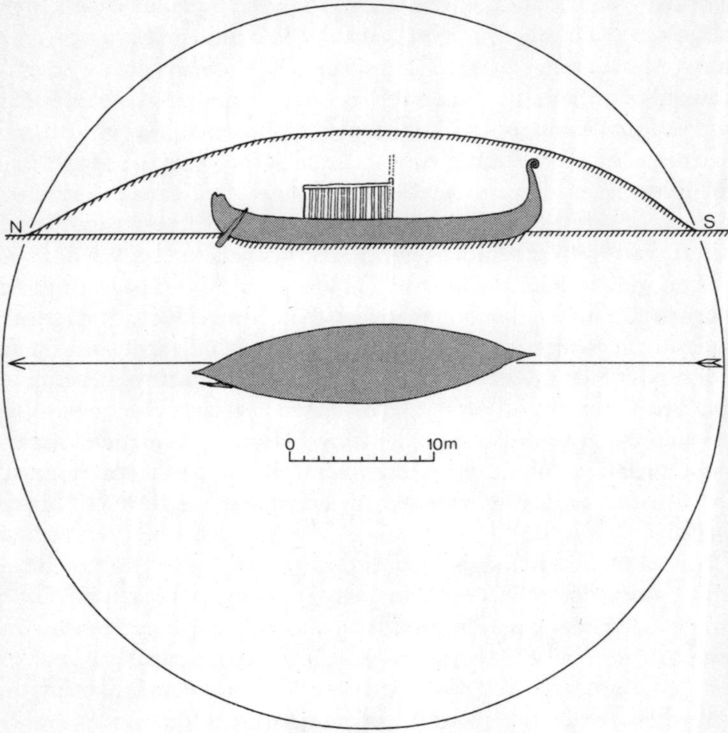


Abb. 22: Das Schiffsgrab von Oseberg am Oslofjord
(nach H. Shetelig u.a.).

artig gestaltet. Die Höhe der Steine ist mittschiffs am geringsten und steigt dann gleichmäßig zu den Steven an. Damit hat der Relingverlauf eine schwungvolle Linie erhalten. Fast alle untersuchten Exemplare haben sich als Grabeinhegungen erwiesen. Einige fundleere Setzungen werden am ehesten als Kenotaphe anzusprechen sein, welches bei einer mit der See so stark verbundenen Bevölkerung naheliegt. Sicher haben sie insofern eine symbolische Bedeutung gehabt, als sie nur ein wirkliches Schiff repräsentieren. Ob ihr Symbolwert aber darüber hinausgeht, muß ungeklärt bleiben. Sie können auch mehr profan als Manifestation von Fahrt und Handel aufgefaßt werden.

Zu den auf heidnische Gebräuche verweisenden merkwürdigen Beobachtungen bei der Ausgrabung großer wikingischer Grabhügel gehören einige Befunde, die zeitgenössische Störungen der Grabkammern anzeigen. Das trifft zu bei den Schiffsgräbern von Oseberg (Abb. 22) und Gokstad am Oslofjord, für das Schiffsgrab von Ladby auf Fünen, für das Bootgrab von Årby in Uppland (Abb. 21) und für ein Kammergrab bei Thorsberg in Angeln – um nur die wichtigsten Beispiele zu nennen. Diese Gräber wurden bereits bald nach ihrer Anlage wieder geöffnet, und zwar zu einem Zeitpunkt, zu dem der jeweilige Grabraum noch intakt, also noch nicht eingestürzt war. Wahrscheinlich wußte man damals noch, wer dort begraben war. Der für die Öffnung notwendige Aufwand war bei den mächtigen Hügeln erheblich. So mußten beispielsweise bei Gokstad etwa 100 $m^3$ Erde bewegt werden, um einen 14 m langen, am Boden 4 m breiten Gang bis zum Schiff in der Hügelmitte anzulegen; hier war der Gang sogar aus Sicherheitsgründen abgeböscht worden. Solche Arbeiten müssen auch beim Einsatz vieler Arbeitskräfte mehrere Tage in Anspruch genommen haben, und sie waren gewiß nicht von einzelnen Personen in aller Heimlichkeit durchzuführen. Im Anschluß an den Eingriff sind diese Anlagen äußerlich wiederhergestellt worden.

Befunde dieser Art können nicht Zeugnisse schlichten Grabraubes gewesen sein, der lediglich darauf ausgerichtet war, aus reinen Erwerbszwecken eventuelle kostbare Beigaben zu entwenden. In der Tat sind die Beigaben noch vorhanden, allerdings in einigen Fällen gezielt zerstört und damit unbrauchbar gemacht. In allen so betroffenen Gräbern fehlt aber die oder der Tote. Die nachträglichen Öffnungen wurden also vorgenommen, um die Verstorbenen aus ihrem Grabraum zu entfernen. Es kann sich bei ihnen nur um gefürchtete Wiedergänger gehandelt haben, wie sie auch in der altnordischen Literatur erwähnt werden. In aller Öffentlichkeit müssen sie auf diese Weise unschädlich gemacht und damit ihrem Treiben Einhalt geboten worden sein. Um ganz sicher zu gehen, wurde das Grabinventar ergänzend zerstört.

Am reichhaltigsten überliefert ist das Heidentum mit seiner mannigfaltigen Götterwelt aus kriegerischen Asen und friedfertigen Wanen in der ›Edda‹. Deren Darstellung unter Einbeziehung weiterer Schriftquellen bedarf einer eigenen umfangreichen Arbeit, so daß hier nur auf wenige Einzelheiten hingewiesen sei. In den Liedern der Edda kommen die wichtigsten Götter vor. Sie werden mit ihren Charakteristika geschildert, und sie begegnen dort zuweilen in etwas drolligen Szenen, die von einem heiteren Auskommen der Nordleute mit ihren Göttern zeugen. So wird Thor auf der Suche nach seinem vermißten Hammer beschrieben, Freya erscheint als Schönheit und Loki als Schelm. Odin mit seinen verschiedenen Zuständigkeitsbereichen wird in der Regel etwas mehr Respekt entgegengebracht, da er als Vielkundiger und Wissender galt. Allerdings mußte er sich bei der Götterdämmerung vom Fenriswolf in den Fuß beißen lassen.

Die zur heidnischen Religion des Nordens gehörende Ausstattung etwa in Form von Götterbildern und Tempeln ist archäologisch leider kaum noch greifbar. Allzu rigoros hat die christliche Mission für deren Vernichtung gesorgt.

Hölzerne Götterbilder, von denen auch zwei auf einer Heidefläche im freien Gelände stehende in einem Eddalied genannt werden, muß es in großer Zahl gegeben haben. In der ›Vita Anskarii‹ werden Christen erwähnt, die sich gegen die Anbetung solcher Götterbilder wandten sowie auch rückfällige christianisierte Nordleute, die sich in Notfällen doch lieber auf ihre alten Götter verließen. Adam von Bremen hebt mehrfach die erfolgreiche Zerstörung von heidnischen Götterbildern hervor. Erhalten ist keines davon mehr.

Dagegen gibt es Darstellungen auf einigen Steindenkmälern, die Götter zeigen. Ein Hochkreuz auf der Insel Man und der Runenstein von Ledberg in Östergötland (Abb. 23) zeigen dieselbe Szene: Odin wird vom Fenriswolf am Fuß gebissen. Auf dem Runenstein von Altuna in Schweden (Abb. 24) wird Thor mit seinem Hammer in einem hochstevigen Boot abgebildet; er ist gerade dabei, die weltumspannende Midgardschlange mit einem Stierkopf als Köder zu fangen und stößt vor lauter Kraftanstrengung mit einem Fuß durch die Bootshaut. Auf Runensteinen werden auch mehrfach Goden genannt, die heidnische Priester und Sprecher zugleich waren und zusätzlich auch weltliche Aufgaben wahrgenommen haben können. Für Island sind Goden in solchen Funktionen noch durch die Sagas überliefert. Genannt seien in diesem Zusammenhang auch die häufigen Darstellungen von Odins achtbeinigem Pferd Sleipnir auf gotländischen Bildsteinen.

Kleinere Einzelbilder können in einigen wenigen Fällen ebenfalls mit bestimmten Göttern identifiziert werden. So findet sich noch in der nachwikingerzeitlichen hölzernen Stabkirche von Hegge in Norwegen ein in Holz geschnittener Kopf des einäugigen Odin mit heraushängender Zunge. Als Gott der Gehenkten ist er hier wohl ohne Wissen der christlichen Priester in die Kirche 'hineingeschmuggelt' worden. Eine kleine Bronzefigur von Rallinge in

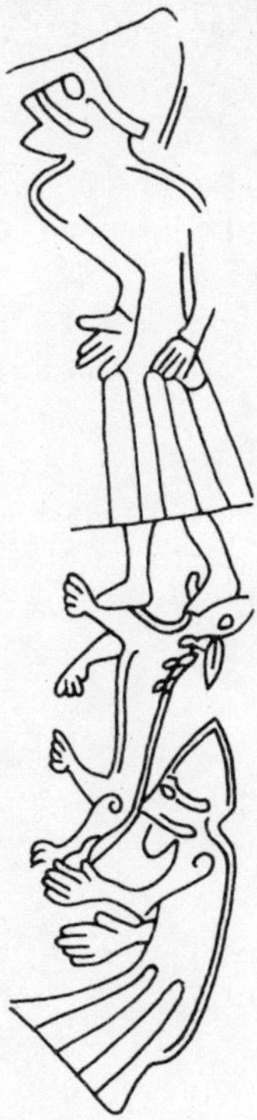

Abb. 23: Detail des Runensteines von Ledberg, Östergötland. Odin und der Fenriswolf (nach einer Fotovorlage).

Södermanland mit betontem Phallus wird als der für die Fruchtbarkeit zuständige Freyr anzusprechen sein, und ein Bronzefigürchen von Akureyri auf Island gibt sich durch ein Hammer-Attribut als Thor zu erkennen.

Eine bewußte Dokumentation der Zugehörigkeit zur heidnischen Glaubenswelt stellen einige Miniatursymbole dar, die einzeln oder an Ringen getragen wurden. Sie sind aus Eisen, Bronze, Silber oder auch selten aus Lignit gefertigt. Am häufigsten begegnet der Thorshammer. Kleine Spaten- und Sichelnachbildungen werden als Fruchtbarkeitssymbole Freyr zuzuweisen sein, während Speere auf Odin verweisen. Sicher ist diesen Miniaturen eine Art Amulettcharakter zugekommen.

Am eindrucksvollsten wird sich das Heidentum in den Tempelbauten und den zugehörigen Zeremonien dargestellt haben. Leider

Abb. 24: Detail des Runensteines von Altuna.
Thor beim Fang der Midgardschlange (nach einer Fotovorlage).

waren die christlichen Missionare auch bei deren Zerstörung überaus erfolgreich, so daß auf archäologischem Wege bisher nicht das Aussehen eines einzigen nordischen Tempels erschlossen werden konnte. Aber immerhin beschreibt Adam von Bremen noch im 11. Jahrhundert den Tempel von Alt-Uppsala und den dortigen Kult ziemlich ausführlich:

„Dieses Volk besitzt einen besonders angesehenen Tempel in Upsala, nicht weit vom Ort Sigtuna und von Birka entfernt. In diesem ganz aus Gold gefertigten Tempel verehrt das Volk die Bilder dreier Götter; als mächtigster hat in der Mitte des Raumes Thor seinen Thronsitz. Den Platz rechts und links von ihm nehmen Wodan und Frikko ein. Man gibt ihnen folgende Deutung: 'Thor', so heißt es, 'herrscht in der Luft; er gebietet Donner und Blitzen, Wind und Regen, Sonnenschein und Frucht. Der zweite, Wodan, die Wut, führt Kriege und verleiht dem Menschen Kraft gegen seine Feinde. Frikko, der dritte, schenkt den Menschen Frieden und Lust'" (Adam von Bremen IV, 26).

Ergänzend wird dazu berichtet:

„Allen ihren Göttern haben sie Priester zugeteilt, die des Volkes Opfer darbringen. Wenn Seuchen und Hunger drohen, wird dem Götzen Thor geopfert, steht Krieg bevor, dem Wodan, soll eine Hochzeit gefeiert werden, dem Frikko. Auch wird alle neun Jahre in Upsala ein gemeinsames Fest aller schwedischen Stämme begangen. Für dieses Fest wird niemand von Leistungen befreit. Könige und Stämme, die Gesamtheit und die Einzelnen, alle bringen ihre Opfergaben nach Upsala, und es übertrifft jede Strafe an Härte, daß selbst diejenigen, die schon das Christentum angenommen haben, sich von diesem Kult freikaufen müssen. Die Opferfeier geht folgendermaßen vor sich: von jeder Art männlicher Lebewesen werden neun Stück dargebracht; mit ihrem Blute pflegt man die Götter zu versöhnen. Die Leiber werden in einem den Tempel umgebenden Haine aufgehängt. Dieser Hain ist den Heiden so heilig, daß man glaubt, jeder einzelne Baum darin habe durch Tod und Verwesung der Schlachtopfer göttliche Kraft gewonnen. Da hängen Hunde, Pferde und Menschen; ein Christ hat mir erzählt, er habe 72 solcher Leichen ungeordnet nebeneinander hängen sehen. Im übrigen singt man bei solchen Opferfeiern vielerlei unanständige Lieder, die ich deshalb lieber verschweigen will" (Adam von Bremen IV, 27).

Mögliche Spuren dieses Tempels wurden unter der Kirche von Alt-Uppsala gefunden. Es sind Reste zweier quadratischer Pfostensetzungen: ein äußeres Viereck aus dünnen und ein inneres aus stärkeren Pfosten. Sie zeugen wahrscheinlich von einem höheren zentralen Bauteil, der von einem niedrigeren umlaufenden Bauteil umgeben wurde. Ähnlich sind manche späteren Stabkirchen in Norwegen gebaut worden. Zu den Pfostensetzungen in Alt-Uppsala gehörte ein Lehmboden, der in das 10. Jahrhundert datiert werden konnte. Da christliche Kirchen gerade an den Orten heidnischer Kultplätze errichtet worden sein können, um an diesen althergebrachten Versammlungsplätzen den neuen Glauben zu manifestieren, ist es naheliegend, hier den bei Adam geschilderten Tempel zu lokalisieren. Der Platz muß ein zentrales Heiligtum für eine große oder gar die gesamte Region im östlichen Mittelschweden gewesen sein. Weitere Tempel hat es nachweisbar andernorts gegeben, doch ist die Kenntnis von diesen noch wesentlich geringer.

Ebenso fragmentarisch wie sich das Heidentum in den Bodenfunden abzeichnet, ist auch nur das Vordringen des Christentums zu erfassen. Die in der ›Vita Anskarii‹ genannten Erfolge finden dort nur eine vage Bestätigung.

Laut Rimbert erschienen 826 schwedische Gesandte bei Ludwig mit der Bitte um Entsendung von christlichen Glaubensboten:

„Inzwischen aber waren schwedische Gesandte zu Kaiser Ludwig gekommen und hatten dem frommen Herrscher unter anderen Aufträgen, die sie zu übermitteln hatten, ausgerichtet, viele ihres Volkes wünschten den Christenglauben anzunehmen; auch ihr König sei nicht abgeneigt, dort Gottes Priester zuzulassen. Sie sollten von des Kaisers Gnade die Entsendung geeigneter Glaubensboten erwirken“ (Vita Anskarii, cap. 9).

Ansgar übernahm den Missionsauftrag und reiste 829 nach Dänemark, 830 nach Schweden. 831 wurde für ihn als Basis das später erweiterte Bistum Hamburg eingerichtet. 852 reiste er erneut nach Schweden, doch hatte er auch zwischenzeitlich gute Verbindungen in den Norden aufrechterhalten. Während seiner Wirkungszeit entstanden christliche Kapellen bzw. Kirchen in Birka, Haithabu und Ribe. In Ribe wurde sogar ausdrücklich der Gebrauch einer Glocke genehmigt. Diese ältesten Kirchen des 9. Jahrhunderts im Norden sind sicher aus Holz, eventuell unter zusätzlicher Verwendung von Soden erbaut gewesen. Bisher konnte keine im Gelände identifiziert werden. Sie werden später überbaut worden sein, oder sie standen an Plätzen innerhalb der Siedlungen, die archäologisch noch nicht erforscht sind. Die frühesten, teilweise erhaltenen Exemplare sind die hölzernen Stabkirchen des 11. Jahrhunderts in Norwegen, die es Fragmenten nach zu urteilen in ähnlicher Form in Dänemark einschließlich Lund und auf Gotland gegeben hat. Diese Kirchen stellen einen eigenständigen skandinavischen Beitrag zur europäischen Architekturgeschichte dar.

Spuren frühen Christentums haben sich nur in geringem Umfang erhalten. Sicher bestimmbares liturgisches Gerät wurde nicht gefunden, abgesehen von zwei kleinen Silberkelchen aus Jelling in Jütland und Skara in Västergötland, die jedoch erst dem 10. bzw. dem 11. Jahrhundert angehören. Im Hafen von Haithabu wurde eine vollständige bronzene Kirchenglocke geborgen; Bruchstücke weiterer kleinerer Glocken sind ebenfalls an diesem Ort gefunden worden. Einige sekundär zu Anhängern umgearbeitete Beschläge und Buchschließen könnten von den Ausstattungen der Missionare stammen, die „heilige Bücher“ mit sich geführt haben. Die meisten christlich geprägten Kleinfunde im Norden werden jedoch kaum als Zeugnisse einer erfolgreichen Durchsetzung des neuen Glaubens zu werten sein. Es sind Kuriositäten wie ein byzantinischer Reliquienbehälter aus Valbo in Gästrikland, aus ihrem Funktionszusammen-

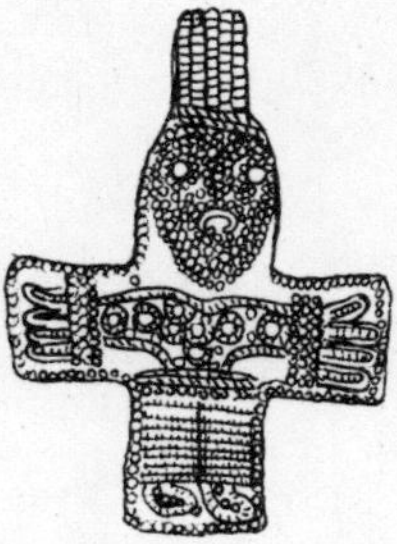

Abb. 25: Silbernes Filigrankruzifix aus Grab 660 von Birka, Uppland (nach einer Fotovorlage), M = 1:1.

hang gelöste Stücke, die in der Regel wohl aus der Plünderung von Kirchen und Klöstern herrühren, sowie einige Emailscheibenfibeln mit Kreuz- oder Heiligendarstellung, die am ehesten ihrer farbigen Zierwirkung wegen getragen wurden. Lediglich einfache Kreuzanhänger und kleine Kruzifixe bilden eine betonte Demonstration der Christen. In Birka ist etwa ein Dutzend Frauengräber aus der Mitte des 10. Jahrhunderts mit solchen Anhängern ausgestattet (Abb. 25). Parallel dazu ist dort der bereits erwähnte vorübergehende Rückgang der Beigabensitte zu verzeichnen. Beides wird auf die voraufgehende Tätigkeit des Missionars Unni an diesem Ort zurückzuführen sein.

Echte Dokumente eines stellenweise erfolgreich vorgedrungenen Christentums stellen etliche Runensteine dar. Einige von ihnen sind mit christlichen Kreuztypen geschmückt, auf anderen wird vom Tod in weißen Kleidern – also getauft – berichtet. Diese und ähnliche verwandte Beispiele stammen jedoch erst aus dem 11. Jahrhundert, so daß sie nichts für die Anfänge der Mission aussagen.

Insgesamt beleuchten weder die schriftlichen Quellen noch die Bodenfunde einen durchgreifenden Erfolg der Mission. Erst in der ausgehenden Wikingerzeit wird dieser sichtbar, vor allem in den dann vielerorts entstandenen Kirchenbauten. Erste Erfolge werden wohl an den Handelszentren mit ihrer internationalen Prägung erzielt worden sein. Entscheidend ist aber sicher gewesen, ob die Herrscher und ihre unmittelbare Umwelt den neuen Glauben annahmen.

Vielfach wird vor allem bei der Landbevölkerung außerhalb der Zentren mit einer starken Beharrlichkeit zu rechnen sein. Sonst wäre die Existenz des Tempels in Uppsala, wo den Christen gegen-

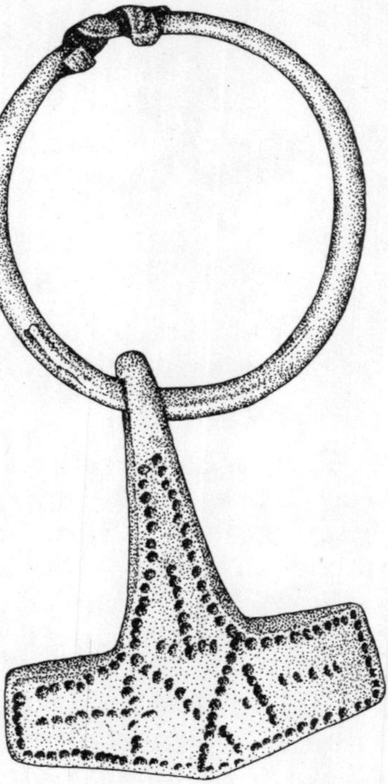

Abb. 26: Thorshammer mit Kreuzverzierung von Lugnås, Västergötland. Hammerbreite 2,9 cm (nach Foto von A.-S. Gräslund).

über keine Toleranz geübt wurde, noch zur Zeit Adams von Bremen kaum verständlich. Auf Island wurde erst im Jahre 1000 das Christentum durch Althingbeschluß für das gesamte Land akzeptiert, allerdings mit dem Vorbehalt, daß heimliche heidnische Praktiken geduldet würden.

Wie schwer es den Nordleuten einerseits gefallen sein muß, ihren altangestammten Glauben abzulegen, und wie pragmatisch sich andererseits manche von ihnen verhielten, wird sowohl durch die schriftliche Überlieferung als auch durch einige archäologische Befunde sichtbar, von denen eine kleine Auswahl genannt sei (z. B. Abb. 26).

Aus Dänemark und aus Haithabu stammt jeweils eine Gußform, in der heidnische Thorshämmer und christliche Kreuze gleichzeitig hergestellt werden konnten, auf Island wurde ein silberner Anhänger in Hammerform gefunden, der ein durchbrochenes Kreuzbild in der Mitte trägt, und ein Frauengrab von Thumby-Bienebek

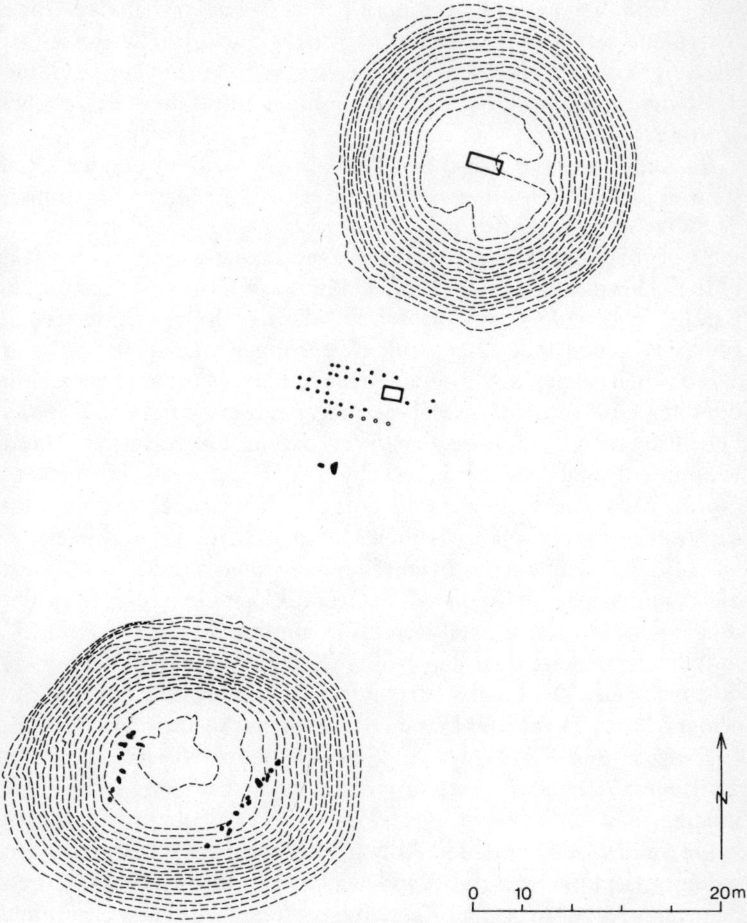


Abb. 27: Monumente von Jelling, Jütland (nach K. Krogh).

(Abb. 31) enthielt sowohl ein silbernes Anhängerkreuz aus dem Besitz der Verstorbenen als auch Thorshämmer am Rand des als Sarg verwendeten Wagenkastens, die den Hinterbliebenen wohl sicherheitshalber notwendig erschienen. Von dem Glaubenszwiespalt zeugt auch eine Runeninschrift von Folsberge in Uppland:

„Möge Christus Tummes Seele in das Licht und das Paradies kommen lassen und in die Welt, die für Christen am besten ist."

Weniger problematisch wird die sogenannte Primsignie gewesen sein. Dabei ließ man sich mit dem Kreuz bezeichnen, jedoch nicht taufen und war somit potentieller Christ mit heidnischer Rückversicherung. Das soll vor allem für Kaufleute von Vorteil gewesen sein, da dadurch ein unkomplizierter Handel mit Christen möglich wurde.

Besonders deutlich wird der Wandel vom Heidentum zum Christentum schließlich noch an einem der bedeutendsten Denkmäler der Wikingerzeit: Jelling in Jütland (Abb. 27).

Zwei mächtige Hügel von 70 m Durchmesser und bis zu 11 m Höhe beherrschen das Gelände. Dazwischen liegt eine romanische Kirche, neben der zwei historisch wichtige Runensteine stehen. Hinzu kommen Teile einer großen V-förmigen Steinsetzung, die ein 'vi', das heißt einen heidnischen heiligen Platz begrenzt haben kann oder den Überrest einer gewaltigen Schiffsetzung darstellt. Der kleinere Runenstein trägt die Inschrift: „König Gorm fertigte dieses Monument nach seiner Frau Thyra – Dänemarks Herrscher". Gorm starb bald nach der Mitte des 10. Jahrhunderts, seine Frau Thyra etwa zwanzig Jahre früher. Der große dreiseitige Runenstein ist auf der einen Seite im Flachrelief mit einem Vierfüßler verziert, die zweite Seite zeigt in derselben Technik den Gekreuzigten (allerdings nicht am Kreuz, sondern Odin ähnlich im Geäst) (Abb. 28), und die dritte Seite trägt den größten Teil der Inschrift: „König Harald ließ diese Denkmäler errichten nach seinem Vater Gorm und seiner Mutter Thyra, der Harald der Dänemark ganz unterwarf und Norwegen und die Dänen zu Christen machte". König Harald wurde um 960 getauft, und er vollendete die Einigung Dänemarks um 983.

Der Südhügel von Jelling (Abb. 27) hat nie eine Grabkammer enthalten; er ist um seiner selbst willen aufgeschüttet, vielleicht als Pendant zum Nordhügel. Der über einem bronzezeitlichen Grabhügel errichtete Nordhügel überwölbte aber eine große Kammer von 6,75 m Länge, 2,60 m Breite und 1,45 m Höhe. Diese mehrfach angeschnittene Kammer enthielt keine Bestattung mehr. Sie muß schon früh durch einen von oben vorgetriebenen Schacht geöffnet und der oder die Tote an einen anderen Ort überführt worden sein.

Vor wenigen Jahren im Inneren der um 1100 erbauten Kirche von Jelling durchgeführte Grabungen haben Spuren dreier hölzerner Vorgängerbauten erkennen lassen. Zu dem ältesten Bau gehörte eine gleichzeitig angelegte Grabkammer von 4 m Länge und 2,6 m Breite. Hier fanden sich Skeletteile eines über 1,70 m großen Mannes, der der Lage der Knochen nach zu urteilen vorher an an-

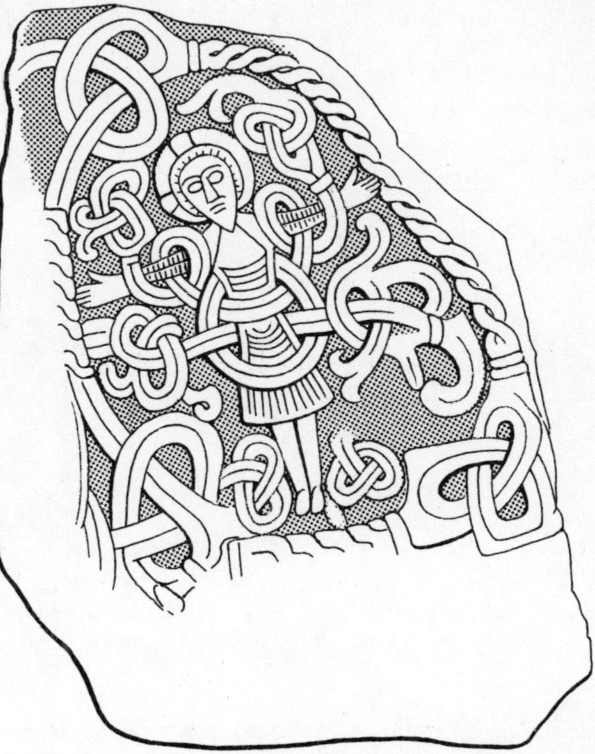

Abb. 28: Christusseite des Steines von Jelling, Jütland (nach einer Fotovorlage).

derer Stelle beigesetzt gewesen sein muß. Einige kleine fragmentarische, verzierte Objekte als Reste ehemaliger Beigaben aus der Hügelkammer stimmen mit solchen aus der Kammer in der Kirche so genau überein, daß an eine Herstellung dieser Gegenstände durch ein und dieselbe Hand gedacht werden darf.

Als Erbauer der ersten Kirche kommt aus chronologischen Gründen eigentlich nur der zum Christentum übergetretene Harald Blauzahn in Frage. Er muß auch die Grabkammer dort angelegt haben. Das geschah sicher in der Absicht, die sterblichen Überreste seines heidnischen Vaters, der ursprünglich in der Kammer des Nordhügels gelegen haben wird, dorthin zu überführen. Der Befund spricht damit für eine echte translatio im Sinne des Mittelalters, bei der die Überführung als nachträgliche Fürsorge für das

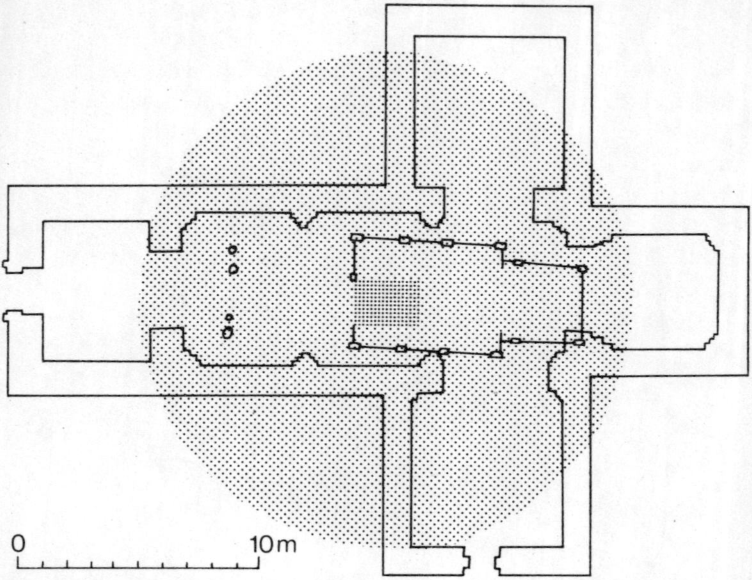


Abb. 29: Wikingisches Grab und ältester Holzbau unter der heutigen Kirche von Hørning, Jütland (nach E. Roesdahl).

Seelenheil des Verstorbenen zu verstehen ist. Für einen solchermaßen christlich motivierten Vorgang spricht auch die Beobachtung, daß der Südhügel kein Grab enthielt und also keine Fortführung der heidnischen Tradition, sondern eine inhaltliche Veränderung des gesamten Monuments erfolgte. Auch fanden sich in der Kammer des Nordhügels keine Anzeichen von Zerstörungswut, wie sie in anderen Grabhügeln durch die Entfernung von Wiedergängern beobachtet wurde. In Jelling hat der König statt dessen, nachdem er den christlichen Glauben angenommen hatte, ein großartiges Denkmal geschaffen durch die Verbindung heidnischer Bestandteile mit dem neuen christlichen Bauwerk. Ein in der Kammer des Nordhügels gefundener kleiner Silberkelch von nur 4,6 cm Höhe, der aufgrund seiner Verzierung kaum zur primären Bestattung gehört haben kann, wird am ehesten als christlicher Abendmahlskelch von Harald bei der Überführung seines Vaters dort deponiert worden sein, um den ursprünglich heidnischen Grabraum gleichsam zu weihen und damit in die neu gestaltete christliche Gesamtanlage einbeziehen zu können.

Ähnlich, wenn auch in kleinerem Rahmen, wurde in Hørning in Westjütland verfahren (Abb. 29). Hier wurde ein Kammergrab des 10. Jahrhunderts in einem bronzezeitlichen Grabhügel angelegt und in einen hölzernen Kirchenbau des 10. Jahrhunderts einbezogen. Der Befund liegt unter der heutigen mittelalterlichen Kirche von Hørning.

Jelling ist das Zentrum des Dänischen Reiches zur Zeit Haralds gewesen. Literarische Quellen, Runeninschriften in der Umgebung und die Jelling-Monumente selbst deuten darauf hin, daß die Jelling-Dynastie unter christlichem Vorzeichen im Lauf der zweiten Hälfte des 10. Jahrhunderts die Hegemonie über ganz Dänemark erreichte.

# HANDEL UND VERKEHR

Wegbereiter der christlichen Mission im Norden waren die Kaufleute. Erst nachdem sie Fuß gefaßt hatten, wurde um die Entsendung von Glaubensboten ersucht und mancher Missionar wird ebenso wie Ansgar nur in ihrem Gefolge sein örtliches Ziel erreicht haben. Der Fernhandel ist aber auch sonst über den rein wirtschaftlichen Rahmen hinaus für die Kulturgeschichte der Wikinger von Bedeutung gewesen, da durch die mobile Lebensform der Händler viele kulturelle Impulse in den Norden vermittelt wurden. Schließlich ist die Handelstätigkeit sicher auch noch eine der wichtigsten Ursachen für die wikingische Expansion gewesen.

Außer in der zeitgenössischen schriftlichen Überlieferung wird der Fernhandel greifbar im Aufblühen stadtartiger Orte, im archäologischen Fundgut, das Waren zu erkennen gibt, im Schiffsbau, da ein größeres Fassungsvermögen der Fahrzeuge erforderlich wurde, und nicht zuletzt in der Entstehung gemünzter Zahlungsmittel.

Bereits Rimbert vermerkte, daß in Birka und Haithabu Waren verschiedenster Art zu haben seien und daß sich dort erhebliche Reichtümer angesammelt hätten. Für Schweden bestätigt Adam von Bremen diese Feststellung in der zweiten Hälfte des 11. Jahrhunderts. Umfang und Bedeutung des Handels wurden also sogar von den Missionaren registriert.

Die Abhängigkeit vom Fernhandel als regelmäßig gesicherter Versorgungsbasis ist sicher in den einzelnen Regionen sehr unterschiedlich gewesen. So mußten zum Beispiel nach Island ebenso wie nach Grönland nicht nur Fertigprodukte, sondern auch verschiedenartige Rohstoffe eingeführt werden, während in anderen, günstiger gelegenen Siedlungsräumen ein geringerer Bedarf an Importen geherrscht hat.

Archäologisch faßbar sind nur noch relativ wenige der überhaupt in Frage kommenden Güter. Dazu zählen zum Teil vom Hersteller signierte Schwertklingen aus dem Niederrheingebiet, friesische Tuche, die in Birka identifiziert wurden, und Mahlsteine aus Mayener Basaltlava, die im Norden vor allem deshalb erstrebt waren, weil sie gegenüber den einheimischen Gesteinsarten weniger Abrieb hatten und das Mehl dadurch sauberer verblieb. Als Luxuswaren können die zahlreichen Gläser rheinischer Herkunft gelten, die an den großen Handelsplätzen und in deren Umfeld angetroffen wurden. Zu nennen sind weiterhin Keramikarten aus rheinischen Töpfereien. Doch wird Keramik kaum um ihrer selbst willen verhandelt worden sein. Die Gefäße müssen vielmehr Behältnisse für andere Waren gewesen sein. Zu denken wäre dabei vielleicht an Wein, der laut Rimbert in Birka ohne weiteres zu kaufen war.

Als Gegenleistungen aus dem Norden sind aufgrund der Erhaltungsbedingungen fast nur Eisen und Specksteinobjekte aus den norwegischen und mittelschwedischen Abbaugebieten bekannt. Doch scheinen diese Materialien nicht wesentlich weiter südwärts über Haithabu hinaus gehandelt worden zu sein. Andere Güter sind verbraucht worden und daher nicht mehr greifbar.

Handelswaren sind aber keineswegs nur Verbrauchsartikel und Alltagsgüter gewesen. Perlen, Knochennadeln, Holzlöffel und sogar Model als Arbeitsgerät von Goldschmieden wurden gebündelt, verpackt oder in solchen Situationen angetroffen, die eindeutig auf Vertrieb in größeren Stückzahlen verweisen.

Es gab sowohl einen ausgeprägten Handel mit Luxusgegenständen als auch einen gewiß bedeutenderen solchen mit schweren und Platz erfordernden Alltagswaren. Es wurden sowohl Fertigprodukte als auch Rohstoffe transportiert, wobei die Beifrachten manchmal wahrscheinlich den höchsten Gewinn erbrachten.

Ein großer Teil der gehandelten Waren wird archäologisch nie mehr nachweisbar sein, da er verarbeitet wurde bzw. schnell verging oder weil er als Fremdgut überhaupt nicht erkennbar ist. Doch werden sicher im hohen Mittelalter belegte Güter auch schon in der Wikingerzeit eine große Rolle gespielt haben. An erster Stelle sind Leder, Felle und Häute zu nennen, für die nicht zuletzt an den christlichen Zentren ein großer Bedarf bestanden haben wird, da beispielsweise aus einer einzigen Haut nur wenige Buchseiten zu gewinnen waren. Auf einem schwedischen Runenstein wird ein Händler genannt, der südwärts mit Fellen Handel trieb. Weiterhin wird der Erwerb von Butter, Wachs, Honig, Fisch und Salz vielerorts unabdingbar gewesen sein, während Walroßelfenbein und seltene lebende Tierarten gewiß zu den Ausnahmen zählten. Die Palette der möglichen Handelsgüter darf bestimmt nicht zu gering veranschlagt werden.

Organische Handelswaren sind indirekt erschließbar über Fässer, die in Haithabu sekundär als Brunnenfassungen verwendet worden sind (Abb. 30). Diese Fässer sind aus Tannenholz geböttchert, das in

Abb. 30: In Haithabu als Brunnenverschalung zweckentfremdetes Faß aus dem Rheinland (nach T. Capelle).

der Wikingerzeit in erreichbarer Nähe des Ortes nicht wuchs. Sie stammen höchstwahrscheinlich aus dem weiteren Rheingebiet und wurden als Behältnisse mit heute unbekanntem Inhalt importiert. Fässer eigneten sich nicht nur zum Transport von Flüssigkeiten, sondern als wasserdichte Verpackungen auch für feuchtigkeitsgefährdete Waren verschiedenster Art. Sie konnten also Container im modernen Sinne sein. Als Container dienten auch die trogförmigen abnehmbaren Wagenkästen, die an mehreren Orten im westlichen Ostseegebiet in sekundärer Verwendung als Särge angetroffen worden sind (Abb. 31). Im Original ist ein kompletter Wagen mit einem entsprechenden Aufsatz im Oseberggrab erhalten (Abb. 32). Die Lagerung in trapezoiden Wagengestellen mit unterschiedlicher Weite ohne genaue Größennorm erlaubte es, die Kästen im bestückten Zustand vom Wagen auf ein Schiff und später weiter auf einen anderen Wagen zu verladen. Dadurch war ein effektives Transportwesen gewährleistet.

Am schwierigsten ist es, den Umfang des Sklavenhandels abzuschätzen. Dafür gibt es keinerlei archäologische Merkmale. Aller-

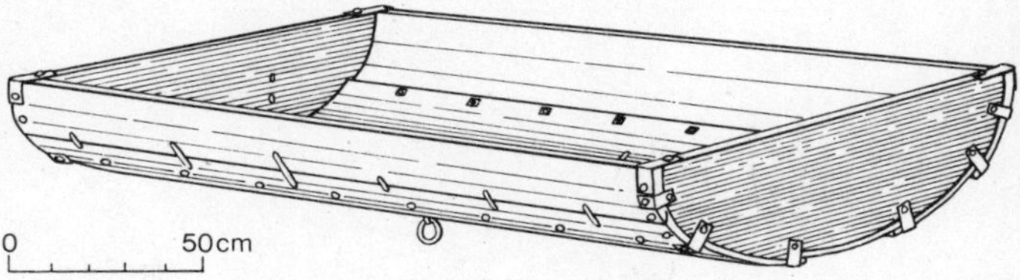


Abb. 31: Als Sarg verwendeter Wagenkasten von Thumby-Bienebek, Schleswig-Holstein (nach M. Müller-Wille).

dings wird der Handel mit Sklaven in der zeitgenössischen schriftlichen Überlieferung mehrfach erwähnt. Vielleicht ist er bei Rimbert etwas überbetont, da er als verwerflich und unchristlich galt. Mehr als einmal hat Ansgar aber sicher Sklaven freigekauft, dabei auch Jugendliche, um sie in Klosterschulen ausbilden zu lassen. Auch Adam von Bremen berichtet noch im 11. Jahrhundert von einem ausgedehnten Menschenhandel in Dänemark und Schonen; allerdings wird auch bei seinem Bericht mit einer gewissen Übertreibung zu rechnen sein. Einer der Hauptumschlagplätze des wikingischen Sklavenhandels scheint Dublin gewesen zu sein. Auf skandinavischen Runensteinen werden zuweilen freigelassene Sklaven genannt – sie hatten einen „freien Hals" erhalten. Erwähnt wird in den Quellen auch, daß sich Sklaven freiarbeiten konnten. Sie gehörten so selbstverständlich zu den Hofbetrieben, daß sie sogar bei Auswanderungen nach Island mitgenommen wurden. In einer arabischen Quelle wird bei den Ostwikingern die Sklavenmitbestattung geschildert. Vielleicht ist manches reiche skandinavische Grab mit zwei sehr unterschiedlich ausgestatteten Toten Zeugnis dieses Brauches. Wahrscheinlich zählt dazu das leider gestörte Oseberggrab. Auch wenn es weder zahlenmäßig aus der historischen Überlieferung bestimmbar noch archäologisch belegbar ist, darf der Umfang des Sklavenhandels gewiß nicht unterschätzt werden. Vergleichbare Schwierigkeiten in der Zuweisung gibt es jedoch auch in Verbindung mit anderen Zeugnissen.

Nicht jeder Fremdfund ist als Handelsgut zu deuten. Das gilt vor allem für Kleinfunde, nicht aber für umfangreiche Verbrauchs- und Gebrauchsgüter. Als andere Bezugsmöglichkeit kommen Tribut, Eheverbindungen, Souvenirs, Geschenke und Raub in Frage. Mancher Münzschatz wird auf Tributerhebungen zurückzuführen sein, manche fremde Schmuckgarnitur auf Einheirat und einige in Birkas Frauengräbern gefundene karolingische Beschläge, die im Norden

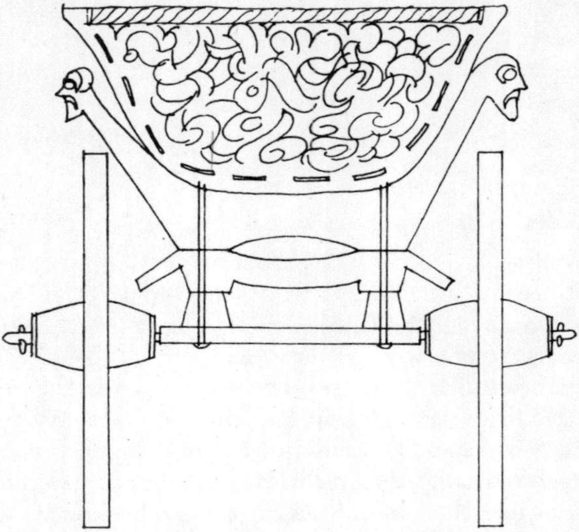

Abb. 32: Schematische Darstellung des Wagens von Oseberg, Vestfold (nach B. Almgren u. a.).

zu Schmuckanhängern umgearbeitet wurden, können am ehesten als Mitbringsel betrachtet werden. Bedeutungsvoller waren aber Gastgeschenke, mit denen sich die Missionare nachweisbar manchen wikingischen König verpflichteten. Daß dieses auch im Kreise der Kaufleute förderlich und üblich gewesen ist, wird vorauszusetzen sein. Ertragreich werden schließlich auch die vielfach erwähnten Raubzüge gewesen sein, deren bevorzugte Angriffsziele im Westen vor allem in der Frühphase wikingischer Überfälle Kirchen und Klöster mit ihren Schätzen waren. Zerschlagene und zerteilte Zierobjekte aus einigen norwegischen Gräbern deuten auf Beuteteilung nach solchen Unternehmungen hin. Diese Stücke stammen zum Teil von liturgischen Geräten; sie sind zuweilen zu Hängeschmuck umgearbeitet worden. Zu diesen Raubgütern zählen aber auch einige kleine vollständige Schreine.

Über die Träger des Handels stehen nur ziemlich spärliche Informationen zur Verfügung. Unmittelbar daran teilgenommen haben im Norden nur wenige Personen. Das zeigen beispielhaft die Birkagräber, von denen nur etwas mehr als 10% Beigaben enthalten, die durch Handelsteilnahme zu erklären sind: Münzen, Waagen und eventuell Gläser. Die Händler gehörten vor allem zu zwei verschiedenen Personenkreisen. Einerseits waren es hauptberufliche negotiatores unterschiedlichster Herkunft vom Kontinent und aus dem angelsächsischen Westen, die sich zum Teil sicher für längere Zeit fest im Norden niederließen und dort auch bereits vor der Mission von dem neuen christlichen Glauben berichtet haben können, andererseits waren es einheimische Nordleute, die im Sommer ihre Fernfahrten durchführten, im Winter aber wohl überwiegend auf ihren Höfen verblieben; im Frühjahr rüsteten sie sich dann erneut mit neuen Gesellschaftern für neue Unternehmen. Dieses waren also Saison-Kaufleute, die als Schiffseigner unterwegs waren. Sie waren in erster Linie friedliche Händler, die sich aber oft unter Waffeneinsatz behaupten mußten.

Gewiß herrschte der saisonweise betriebene Handel vor, doch gab es in den skandinavischen Kolonien am östlichen und südlichen Ostseeufer sowie auf den Britischen Inseln besonders in York und Dublin auch fest ansässige Nordleute mit ihren Familien, die dort ihren wirtschaftlichen Interessen als Kaufleute und Handwerker nachgingen. Zahlreiche rein wikingische Gräber zeugen an diesen Orten von ihrer langfristigen Anwesenheit. Über solche Plätze wurde ebenso wie über die großen skandinavischen Zentren nicht nur der Fernhandel abgewickelt, sondern sie hatten auch eine Bedeutung als Nahmärkte, über die der regionale Vertrieb erfolgte. Wie das im einzelnen vor sich ging, ist vorläufig unbekannt. Die Fernfahrer verkauften unmittelbar vom Schiff oder Kai aus, wie das noch im hohen Mittelalter für Bergen belegt ist. In Haithabu fanden sich an den Molen auffallend viele Gewichte und Münzen als Niederschlag eines solchen hafengebundenen Handels. Der Weiterverkauf lag sicher nicht mehr in den Händen der Fremden. Nahmärkte für die örtliche Versorgung der Bevölkerung sind nicht nur an den Handelsplätzen vorauszusetzen, sondern auch landeinwärts in den größeren Siedlungskammern zu erwarten.

Die Handelswege verliefen auf mehr oder weniger feststehenden Routen. Es waren die großen osteuropäischen Flüsse sowie die Küstenbereiche von Nord- und Ostsee. Die Schilderungen einer Reise von Nordnorwegen bis nach Haithabu und einer anderen von England bis nach Ostpreußen hat Alfred der Große aufgezeichnet. Die Entfernungsangaben bei Rimbert und bei Adam von Bremen betreffen fast ausschließlich die Seewege, da die großen Handelsplätze alle am Wasser lagen. Das heißt, der Fernhandel wurde mit Schiffen küsten- und flußgebunden betrieben. Die Angaben bei Adam von Bremen besagen ergänzend, daß es jeweils bevorzugte Ausgangshäfen für bestimmte Ziele gegeben hat. So liefen von Schleswig etwa ständig Schiffe aus zum Slawenland, nach Schweden und zum Samland, und von Ribe aus richtete man die Segel nach England, Friesland und Sachsen.

Zeugnisse weit entlegener Reiseziele bieten auch einige Runeninschriften. Für die Anwesenheit von Skandinaviern sprechen ein Runenstein von Berezanj an der Dnjeprmündung („Gane fertigte diese Steinkiste nach Karl, seinem Gefährten") sowie je eine kurze Inschrift auf dem heute in Venedig stehenden Löwen von Piräus und an einer Empore in der Hagia Sophia in Konstantinopel. Auf skandinavischen Steinen sind Reisen vermerkt, die nach Griechenland, Miklagard (Konstantinopel), Aldeigjuberg (Alt-Ladoga), Garthariki (Rußland), Holmgard (Novgorod), Semgalla (Baltikum), Finnland mit Tavastland, Serkland (Land der Sarazenen), Langbarthaland (Lombardei), Jerusalem, London und England führten. Die Teilnahme an einer solchen Fernfahrt muß nicht überall selbstverständlich gewesen sein, denn immerhin war sie auf Gedenksteinen verzeichnenswert.

Zur vereinfachten Abwicklung des Handels entstanden in der Wikingerzeit die ersten nordischen Münzen. Sie blieben aber zahlenmäßig weit hinter den im Umlauf befindlichen Fremdmünzen zurück. Deren Herkunft ist sehr unterschiedlich. In Schweden und am südlichen Ostseeufer wurden schon sehr früh arabische Dirhems bezogen. Sie zeugen von einer stark südöstlich ausgerichteten Handelstätigkeit von diesen Regionen aus. Um die Mitte des 10. Jahrhunderts versiegt aber dieser Zustrom. Frühe karolingische Prägungen sind dagegen seltener vertreten. Sie sind vornehmlich aus Dänemark und dem südlichen Norwegen belegt. Dagegen sind ottonische Silbermünzen in größerer Anzahl im Ostseeraum vorhanden, und englische Münzen nahmen vor allem um die Jahrtausendwende in Dänemark zu, bedingt durch die großen Englandzüge und die damit verbundenen umfangreichen Zahlungen – dem sogenannten Danegeld. Dieser Zufluß brach aber um 1040 mit dem Ende des Nordseereiches der Dänen ab, während deutsche Münzen weiterhin als Zeugnisse eines regulären Handels eindrangen.

Der eigentliche Münzumlauf hat sich im Norden vornehmlich auf die großen Handelsplätze und deren näheres Umland, auf die großen Ostseeinseln sowie auf weite Teile Dänemarks beschränkt. Die Analyse der Zusammensetzung mancher Schätze hat gezeigt, daß häufig gut 30 Jahre alte Münzen im Umlauf waren, das heißt solche, die zuweilen in ihren Emissionsgebieten bereits widerrufen waren. Ihre Verwendbarkeit war dadurch im Norden aber keineswegs eingeschränkt. Durch Prägung garantierter Feingehalt und auch das dadurch bestimmte Gewicht wurden nämlich nur von denjenigen anerkannt, die bereits andernorts Erfahrungen mit Münzzahlungsmitteln gesammelt hatten und entsprechend dazu in der Lage waren, die Prägungen zu entziffern und zu werten. Die Nordleute erleichterten sich den Umgang mit den verschiedenen Währungssystemen durch Abwiegen der Münzen. Dadurch war ein direkter Vergleich ohne umständliche Kursberechnungen möglich, und die Münzen konnten somit auch wie jedes andere Silberstück in den zahlreichen Hacksilberfunden behandelt werden. Geld hatte dabei lediglich den Wert eines Metalles.

Allein in Birka sind in etwa 130 Gräbern kleine gleicharmige Feinwaagen und dazugehörige Gewichte gefunden worden, die den umfangreichen Gebrauch dieses Hilfsmittels im Geschäftsverkehr belegen. Diese Waagen dienten nicht dem Abwiegen von kostbaren Waren, sondern demjenigen von Zahlungsmitteln. Wurden kleinere Einheiten gebraucht, so wurden die Münzen einfach zerschnitten. Vielfach sind sie auch problemlos eingeschmolzen worden, um sie als Rohmaterial für die Herstellung ganz anderer Produkte zu verwenden. Analysen von Silberbarren und Fertigprodukten haben gezeigt, daß diese häufig aus unvermischtem Münzsilber bestehen.

Die ersten nordischen Münzen wurden im 9. Jahrhundert wahrscheinlich in Haithabu geprägt. Es sind Nachbildungen fränkischer Münzen aus der Zeit Karls des Großen von Dorestad und solche, die Prägungen Ludwigs des Frommen nachempfunden worden sind. Leider tragen diese Münzen keinen Hinweis auf den Münzherrn oder auf die Prägestätte, so daß unbekannt bleibt, ob ein König an ihrer Ausgabe beteiligt war.

Die einheimischen Münzen des 9. Jahrhunderts treten fast ausschließlich an den Handelsplätzen Haithabu, Kaupang und Birka auf. Vielleicht waren sie tatsächlich nur für den lokalen Umlauf bestimmt. In Birka sind sie nahezu alle in Frauengräbern zu Schmuck umgearbeitet gefunden worden, das heißt, sie werden dort kaum als Zahlungsmittel benutzt worden sein. Diese frühen Münzen waren offensichtlich nicht als weithin gültige Prägungen hergestellt worden. Erst diejenigen des 10. Jahrhunderts, die bis nach Polen wesentlich weiter gestreut sind, scheinen zuweilen als garantierte, nicht ständig abzuwiegende Einheiten akzeptiert worden zu sein. Doch konnten sich auch diese nicht allgemein durchsetzen. Von längerfristigerer und weitreichenderer Gültigkeit waren erst die seit der ausgehenden Wikingerzeit auf königliche Veranlassung eingeführten einheimischen nordischen Münzen, wie zum Beispiel die Prägungen von Harald Hardråde in Norwegen.

Viele Münzschätze sind in ihrer Zusammensetzung sehr gemischt. Sie sind demnach allmählich zusammengetragen worden, und sie werden daher als eine Art Hausschatz zu verstehen sein, dem je nach wirtschaftlicher Lage und Notwendigkeit hinzugefügt, aber auch entnommen werden konnte. Zeugnisse echter und allgemein verbreiteter münzwirtschaftlicher Verhältnisse sind sie auch in der späten Wikingerzeit noch nicht, da in ihnen vielfach auch anderes Hacksilber vertreten ist. Sie repräsentieren demnach auch dann noch nur den reinen Metallwert.

Leider haben die Versuche, besonders auffallende Dichtezentren im Verbreitungsbild der eingeführten Münzen mit den möglichen Produktionsstätten bestimmter Waren in Einklang zu bringen, um somit den Zusammenhang zwischen Zahlungen und Erwerb festzustellen, bisher noch keine auswertbaren Ergebnisse erbracht.

Die Vorstellungen vom wikingerzeitlichen Handel, das heißt von seinem Inhalt, seinen Trägern und seinen Abwicklungsformen, sind schon heute sehr vielfältig. Dennoch ist die Kenntnis noch sehr fragmentarisch. Wie sehr sich das Bild plötzlich anreichern kann, deuten die Untersuchungen im Hafenbereich von Haithabu schon jetzt vor ihrer wissenschaftlichen Bearbeitung an. Hier ist eine Fülle von Gütern zutage gekommen, die zuvor nicht als Handelswaren, sondern als Erzeugnisse der selbstversorgenden Heimproduktion betrachtet wurden.

Noch sind keineswegs alle Aspekte des Handels zu erfassen. So fehlen zum Beispiel Kenntnisse über den lebensnotwendigen Salzhandel noch vollständig. Einen solchen muß es aber in beträchtlichem Umfang gegeben haben. Vielleicht hat manches importierte Tongefäß gerade als Behältnis für Salz gedient. Auch über die Formen des Nahhandels sind bisher kaum Aussagen zu machen.

Die wichtigsten Transportmittel für den wikingerzeitlichen Handel sind gemäß der genannten wassergebundenen Fahrtrouten sicher Boot und Schiff gewesen. Doch darf der kleinräumige Landtransport gewiß nicht unterschätzt werden. Das lehren Wagen, Schlitten, Wege und Brücken. Auch ist an den Einsatz von Saumtieren, wie sie für Island historisch bezeugt sind, in den unwegsameren Gebieten der Skandinavischen Halbinsel zu denken. Allerdings sind spezielle Lastensättel bisher nicht bekannt. Langstrekkentransporte und solche mit schwergewichtigen Waren werden aber ausschließlich auf dem Wasserwege erfolgt sein. Das wird durch die zahlreichen Schiffsfunde hinreichend bekundet. Südlich von Oslo wurde ein Schiffswrack entdeckt, das Specksteine und Wetzsteine geladen hatte.

Der Landtransport wird dagegen weniger gut in den archäologischen Befunden sichtbar. Nur für Dänemark zeichnet sich inzwischen ab, daß dort in der jüngeren Wikingerzeit ein großzügiger Wegeausbau stattgefunden haben muß. Das hängt wohl mit der erstarkten königlichen Macht zusammen, für deren Aufrechterhaltung die Möglichkeit eines schnellen Transportes größerer Menschenmengen notwendig gewesen sein kann. Deutlich wird ein Landtransport auch durch die in letzter Zeit wiederholt zweckentfremdet als Särge angetroffenen Wagenkästen, deren Verbreitung sich bezeichnenderweise auf das westliche Ostseegebiet begrenzt.

In anderen Regionen werden Wagen aufgrund der naturräumlichen Gegebenheiten und wegen der fehlenden Wegeerschließung nur kleinräumig eingesetzt worden sein. Immerhin zeigen aber der vollständig bewahrte Wagen (Abb. 32) und Textilbilder von Oseberg, Darstellungen auf Bild- und Runensteinen, die Erwähnung von Brücken und Wegebauten auf Runensteinen sowie kurze Wegeabschnitte innerhalb der größeren Ansiedlungen, daß Wagen auch auf der Skandinavischen Halbinsel in Gebrauch waren, und zwar sowohl für den Personen- als auch für den Lastentransport. Die stabilen Buchenholzräder des Osebergwagens und dessen Achsen- und Deichselkonstruktion werden zumindest zeitweilig einer stärkeren Belastung auch auf unebenen Wegstrecken standgehalten haben.

Für winterlichen Transport sind von verschiedenen norwegischen Fundorten Schlitten belegt. Die aus Buche gezimmerten Schlittenkästen konnten vom Untergestell mit Kufen aus Eichenholz abgehoben werden, doch paßten sie nicht auf die bekannten Wagenformen. Wofür diese Schlitten eingesetzt wurden, ist unbekannt. Anschirrungen deuten darauf hin, daß sie ebenso wie die Wagen von Pferden gezogen wurden. Sie waren aufgrund ihres Fassungsvermögens sowohl für den winterlichen Lastentransport als auch für Reisezwecke geeignet.

## SEEFAHRT

Welche große Rolle das Schiff im Norden schon mehr als zwei Jahrtausende vor der Wikingerzeit gespielt hat, zeigen die zahlreichen Schiffsbilder auf den bronzezeitlichen Felszeichnungen. Deren Konstruktionsweise ist den kleinen Bildern nicht im einzelnen zu entnehmen, doch stimmen sie in ihrem Aussehen weitgehend überein mit einem Originalboot aus der Zeit um 400 v. Chr., das auf der Insel Alsen in Dänemark gefunden wurde. Doppelsteven ließen dieses aus fünf Planken zusammengenähte symmetrische Boot gut die Wellen durchschneiden und bewahrten es vor Schaden beim Auflaufen; der Antrieb geschah mit Paddeln. Die weitere Entwicklung des Schiffsbaues verdeutlicht das Nydamboot aus Nordschleswig; mit Booten dieses Typs wird im 5. Jahrhundert n. Chr. die Auswanderung von Angeln und Sachsen auf die Britische Insel erfolgt sein. Das stabile, in Klinkerbauweise gefertigte Fahrzeug wurde gerudert. Es war durch gleichartige Gestaltung von Bug und Heck ein gut manövrierfähiges Transportboot, das jedoch nicht für längere Fahrten auf hoher See geeignet gewesen ist. Erst die Übernahme des Segels mit dem zugehörigen Kiel im Laufe der Vendelzeit ließ eine schnelle Bewältigung weiterer Strecken auch mit größeren Ladekapazitäten zu.

Aus der Wikingerzeit steht ein vielfältiges Quellenmaterial zur Kenntnis der Schiffe zur Verfügung. So sind auf den frühen nordischen Münzen sowohl klobige, koggenähnliche Lastenschiffe als auch schwungvolle Mannschaftsboote wiedergegeben, die in etwas größeren und differenzierteren Darstellungen auch auf den gotländischen Bildsteinen begegnen, und auf dem Teppich von Bayeux sind lange, schnelle Kriegsschiffe im Bau und im Einsatz abgebildet. Die altnordische Überlieferung unterscheidet vor allem zwei Arten: Knǫrr als geräumiges, seetüchtiges Handelsschiff und Langskip als Kriegs- oder Mannschaftsschiff.

Der bekannteste und eindrucksvollste wikingische Schiffsfund wurde im Oseberggrab aus der Mitte des 9. Jahrhunderts geborgen (Abb. 22). Das nicht mehr ganz neue, aber sehr gut bewahrte Schiff diente als Grabraum für eine fürstliche Bestattung. Es handelt sich dabei um ein Prunkschiff, das am ehesten für küstennahe Fahrten in den norwegischen Fjorden geeignet war. Das zum Segeln und Rudern eingerichtete Schiff hat eine Länge von 21,58 m, eine Breite von 5,10 m und eine Höhe mittschiffs von 1,58 m. Damit muß es eine Tragkraft von etwa elf Tonnen gehabt haben: Es konnte eine Besatzung von 35 Mann einschließlich Ausrüstung aufnehmen. In Klinkerweise sind auf jeder Seite 12 mit Kuhhaar kalfaterte Bordplanken aus Eichenholz durch Eisenniete miteinander verbunden. Steven und Ausrüstungsgegenstände sind mit reichen Schnitzverzierungen versehen. Alles deutet darauf hin, daß dieses Schiff mehr der Repräsentation diente, als daß es strapaziösen Einsätzen ausgesetzt wurde. Es zeigt mit seinen schwungvollen Linien nicht nur die hohe Kunst des wikingischen Schiffsbaues, sondern auch die Sorgfalt im Detail der Ausstattung.

Im Prinzip ebenso gebaut, doch solider und seetüchtiger, war das etwa zwei Generationen jüngere, 23,24 m lange Eichenschiff, das in einem weiteren Grabhügel am Oslofjord bei Gokstad angetroffen wurde. Das für 16 Ruderpaare eingerichtete Schiff mit durch Klappen verschließbaren Riemenlöchern hatte einen herunterfällbaren Mast. Im Heck dieses im Grundriß ebenfalls spitzovalen Schiffes befand sich ein erhöhter Platz für den Steuermann, an der Reling hingen 32 abwechselnd gelb und schwarz bemalte Schilde. Eine 1893 gebaute Kopie hatte eine Tragfähigkeit von etwa 31 Tonnen; sie fuhr mit eigenem Antrieb zur Weltausstellung nach Chikago und war dabei schneller als die nachgebaute Santa Maria des Kolumbus. Zur Ausstattung des Gokstadgrabes gehörten auch drei Beiboote aus Eiche von 6,60 m, 8,00 m und 9,75 m Länge.

Ein weiteres etwa 20 m langes, doch schlecht bewahrtes Boot wurde am Oslofjord bei Tune ausgegraben. Zusammen konnte hier also eine kleine Flotte freigelegt werden. Die Größe der Schiffe spricht in allen drei Fällen dafür, daß es sich um Häuptlings- oder Fürstengräber handelt. Diese Bestattungen stellen, obgleich es auch ältere Bootgräber in Norwegen gibt, eine direkte Fortsetzung der uppländischen Vendelgrabsitte dar. Da das norwegische Königsgeschlecht sich aus dem Sveabereich herleitet, ist eine solche regional verlagerte Kontinuität gut erklärbar.

Doch gab es auch andernorts in der Wikingerzeit noch bemerkenswerte Schiffsgräber, so im schwedischen Uppland (Abb. 21), aber auch in Dänemark. Allerdings sind die Erhaltungsbedingungen bei diesen wesentlich schlechter. Die Holzsubstanz kann stark zersetzt oder gar vollständig vergangen sein, so daß die ein-

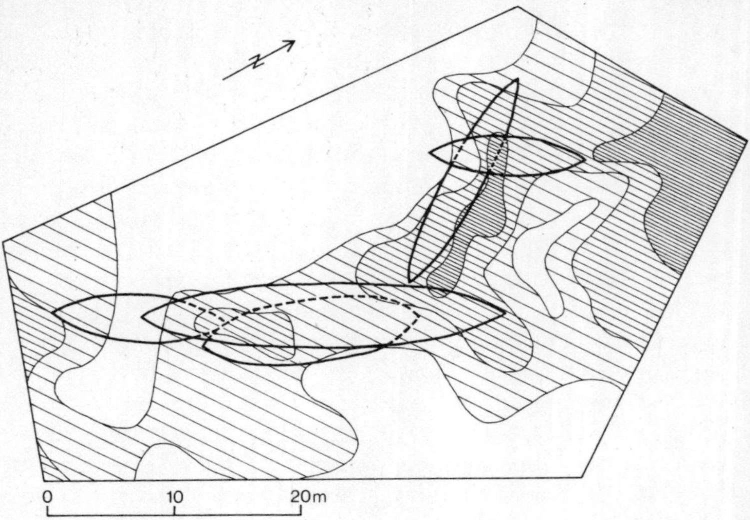


Abb. 33: Sperre von Skuldelev, Seeland
(nach O. Olsen und O. Crumlin-Pedersen).

zelnen Plankenverläufe nur noch an der Lage der eisernen Niete erkennbar sind.

Nennenswert sind jedoch noch zwei einzelne Wracks, die nicht sekundär als Grabräume Verwendung fanden, sondern deren Befund jeweils auf ihre eigentliche Funktion verweist. Das eine wurde im Hafen von Haithabu geborgen, aber noch nicht restauriert. Es war ein bis zur Wasserlinie abgebranntes Handelsschiff, das wahrscheinlich einer Kampfhandlung zum Opfer gefallen ist. Das andere ist nahe Kaupang in Norwegen bei Klåstad auf Grund gegangen. Dieses ist ein Handelsschiff, das mit Specksteingefäßen und Schleifsteinen als schwergewichtigen Massengütern beladen war.

Vielfältige Aufschlüsse boten schließlich noch fünf Schiffe, die während einer einzigartigen Bergungsaktion 1962 bei Skuldelev im Roskildefjord gehoben wurden (Abb. 33). Der Fjord hat hier eine Breite von über zwei Kilometern, doch weist er nur eine sehr geringe Wassertiefe auf. Daher ist die Schiffahrt auf Rinnen angewiesen. Um die Jahrtausendwende war wohl die Peberrinne die wichtigste. Sie ist durch die absichtlich versenkten Schiffe versperrt worden, um die Zufahrt nach Roskilde zu verhindern.

Nach sondierenden Tauchaktionen wurde eine 1600 $m^2$ umschließende Spundwand um das Areal der Sperrung gezogen und der

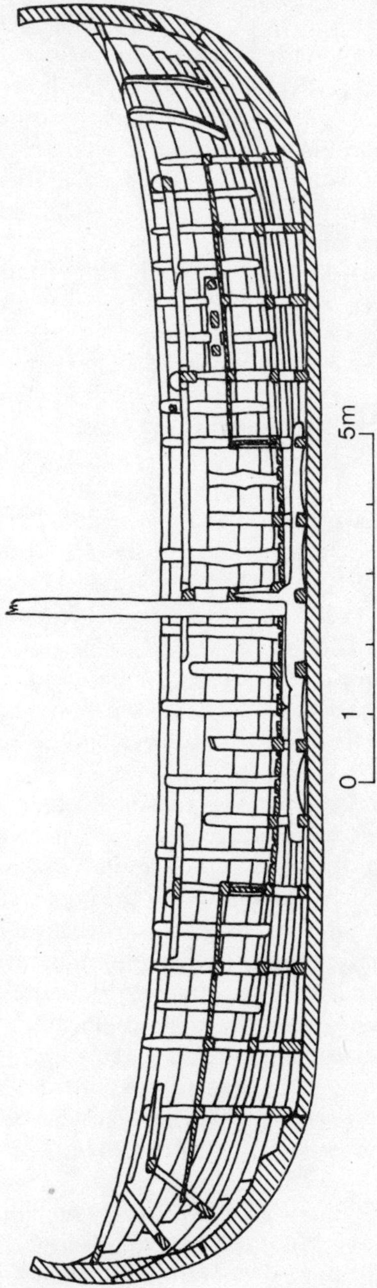


Abb. 34: Wrack 1 von Skuldelev, Seeland (nach O. Olsen und O. Crumlin-Pedersen).

Innenraum allmählich trockengelegt. Fischer hatten sich schon seit Beginn des 20. Jahrhunderts durch die mit Steinen gefüllten Schiffe gestört gefühlt, da ihre Netze daran Schaden nahmen. Aufgrund der Sondierungen waren sechs Schiffe vermutet worden, doch gaben sich später Nr. 2 und Nr. 4 als verlagerte Teile desselben Wracks zu erkennen (die alte Numerierung wurde aber beibehalten). Die Schiffe waren vor ihrer Versenkung der Masten und Decksplanken entledigt und ausgeräumt worden.

Wrack 1 (Abb. 34) war ein etwa 16,5 m langes und maximal 4,8 m breites Schiff. In der Mitte befand sich ein 5,5 m langer Laderaum. Hauptantriebsmittel war hier das Segel, da nur wenige Riemenlöcher vorhanden sind. Dieses Wrack ist ein hochseetüchtiges, stabiles Handelsschiff gewesen, das mit wenigen (etwa sechs) Mann Besatzung erhebliche Lasten befördern konnte.

Wrack 2, das zuoberst in der Sperrung lag, ist stark beschädigt. Es war ein ungefähr 28 m langes und dabei nur etwa 4,5 m breites hochseetüchtiges Schiff, das eine Besatzung von gut 50 Mann aufnehmen konnte. Sicher handelt es sich hierbei um das 'Langschiff' der altnordischen Literatur.

Wrack 3 war ein 13,5 m langes und 3,3 m breites kleines Handelsschiff, das nur eine Ladung von etwa 9 Tonnen aufnehmen konnte. Auch in beladenem Zustand hatte es lediglich einen Tiefgang von 1 m. Da sich nur an Bug und Heck jeweils wenige Riemenlöcher befinden, wird die Fahrt im wesentlichen auf das Segel angewiesen gewesen sein.

Wrack 5 war bei der Versenkung schon alt. Es ist mehrfach repariert und vielleicht auch umgebaut worden. Es war ein sehr schmales Schiff von etwa 18 m Länge und 2,6 m Breite, das als Mannschaftsschiff sicher 30 Personen transportieren konnte.

Wrack 6 war ein nur 12 m langes, flach gebautes Boot, das, nach der Größe des Mastschuhs zu urteilen, nur mit einem kleinen Segel ausgerüstet gewesen ist. Da die oberen Abschnitte der Bordwände stark beschädigt sind, konnten keine Riemenlöcher mehr festgestellt werden, doch werden einige wenige zum ufernahen Manövrieren vorauszusetzen sein. Dieses Boot wird wohl am ehesten, im Gegensatz zu den anderen seetüchtigen Schiffen von Skuldelev, eine Fähre oder ein Fischerboot für Binnen- oder Küstengewässer gewesen sein.

Durch inliegende Funde sind die Schiffe von Skuldelev kaum zu datieren. Es konnten nur zwei slawische Tonscherben der späten Wikingerzeit entdeckt werden. Darüber hinaus fand sich auf einer

Planke des Wracks 5 eine Rankenritzung in einem spätwikingerzeitlichen Stil. Mehrere Radiocarbondaten präzisieren aber eine Datierung der Schiffe und der Sperrung um die Jahrtausendwende oder bald danach. Etwa in dieselbe Zeit gehört eine ebenfalls unter Einbeziehung versenkter Schiffe angelegte Sperrung einer Zufahrt im Fotevik an der südwestlichen Küste von Schonen; dieses System wird zur Zeit noch untersucht.

Durch zwei Langschiffe und zwei Handelsschiffe jeweils unterschiedlicher Größe sowie durch eine Fähre bzw. ein Fischerboot bei Skuldelev wird an einem einzigen Ort die Variationsbreite wikingischer Schiffsbauten erkennbar. Unter Hinzuziehung der übrigen wikingischen Befunde sind nunmehr gesicherte Aussagen über die wikingischen Schiffe insgesamt möglich.

Besonders deutlich treten die unterschiedlichen Abmessungen bei Handelsschiffen und bei Kriegsschiffen hervor. Die Kriegsschiffe sind bis zu 7,2mal länger als breit, die Handelsschiffe dagegen nur bis zu 4,9mal länger. Bei ersteren kam es offensichtlich besonders auf die Geschwindigkeit an, bei letzteren aber auf einen erweiterten Laderaum. Beide Typen waren sowohl zum Segeln als auch zum Rudern eingerichtet. Bei den Kriegsschiffen war ein Niederlegen des Mastes möglich. Da diese schnell manövrierfähig sein mußten, war eine große Zahl von Ruderern notwendig. Deren Riemen hatten die größte Wirkung, wenn sie möglichst flach in das Wasser eintauchten.

Daher liegen die Riemenlöcher bei den Kriegsschiffen in einer annähernd horizontalen Reihe ziemlich dicht über dem Wasserspiegel. Die Spanten liegen bei allen Schiffstypen in einem Abstand von etwa einem Meter. Bei Handelsschiffen finden sich aber im mittleren Bereich auch zusätzliche Zwischenspanten, um die beladene Zone besser zu stabilisieren. Alle Schiffe waren im Grundriß spitzoval (Abb. 33). Sie wurden mit einem Seitenruder gesteuert und hatten keinerlei Kajütenaufbauten oder ähnliches. Auch im beladenen Zustand hatten sie nur einen geringen Tiefgang.

Mit Schiffen der geschilderten Art wurde während der Wikingerzeit erstmals der Nordatlantik überquert, und zwar nicht als einmalige Zufallsleistung einer abgetriebenen Besatzung, sondern als ständig wiederholte Unternehmungen. Die überwiegende Menge der Fahrten begrenzte sich jedoch auf den europäischen Raum.

Für die Handelsschiffahrt wird in erster Linie mit küstengebundenen Routen zu rechnen sein. Der Pelzhändler Ottar brauchte im 9. Jahrhundert für die Strecke von Nordnorwegen bis Kaupang bei

Oslo ungefähr 30 Tage, wobei er nachts vor Anker lag. Mehr als eine Handelsreise wird also pro Saison kaum durchführbar gewesen sein. Bei größeren Unternehmungen war zuweilen sogar ein Überwintern im Zielland erforderlich. Auch Ansgars erste Fahrt nach Schweden muß unmittelbar an der Küste entlang vor sich gegangen sein, denn sonst hätte er seine Reise nach dem Piratenüberfall nicht auf dem Landwege fortsetzen können. Ob allenthalben Etappenstationen für eine nächtliche Fahrtunterbrechung zur Verfügung standen oder ob es üblich war, wie Ottar zu verfahren, ist vorerst noch unbekannt.

Für küstenferne Fahrten oder gar für solche auf offener See gab es verschiedene einfache Hilfsmittel, um einigermaßen richtig navigieren zu können, doch wird es auf hoher See sicher nicht möglich gewesen sein, den jeweiligen Standort genau zu bestimmen. Auch wurde nicht danach getrachtet, ein Ziel punktgenau zu erreichen. Vielmehr galt es lediglich, die Richtung festzustellen.

Bei Landsicht werden markante Küstenstellen ebenso wie auf Höhen gelegene Grabhügel allgemeine Orientierungshilfen geboten haben. Ein künstliches Seezeichen wird von Adam von Bremen bei Wollin in Form eines Vulkantopfes überliefert; wahrscheinlich handelt es sich dabei um ein echtes Leuchtfeuer. Für die Nordatlantikfahrt erwies es sich als nützlich, daß alle Inselgruppen dort sehr bergig und damit weithin sichtbar sind und sich über diesen zudem oft Wolken ballen.

Instrumente zur Navigation haben bisher nicht mit Sicherheit nachgewiesen werden können. Das gilt für den sogenannten Sonnenstein ebenso wie für eine angebliche Peilscheibe aus Holz, die auf Grönland gefunden wurde.

Am zuverlässigsten war außerhalb der Landsicht gewiß die Beobachtung des Sternenhimmels, obgleich dafür weder die hellen Sommernächte noch die häufige Bewölkung besonders günstig waren. Genutzt wurden auch Erscheinungen des Meeres wie Strömungen, der erfahrungsgemäße Standort von Walherden und das Verhalten der Seevögel. In einem Falle wird überliefert, daß Raben mitgenommen wurden. Wurde einer von ihnen unterwegs freigelassen, so stieg er hoch hinauf, flog zur nächsten Küste und war richtungweisend als schwarzer Punkt weithin sichtbar.

Aufgrund ihres geringen Tiefganges konnten die wikingischen Schiffe vielfach ohne Hafenanlagen auskommen, da sie an seichten Ufern landen und dort geleichtert werden konnten. An häufig aufgesuchten Plätzen mit einem regen Umschlag gab es jedoch Molen oder Kais. Das gilt nicht nur für das karolingische Dorestad, sondern auch für Haithabu, Birka und für Ralswiek auf Rügen. Dadurch sollte ein reibungsloseres Be- und Entladen gewährleistet sein. Doch zeigen Funde im Hafenbecken von Haithabu, daß die Verlustquote dennoch beachtlich gewesen ist. Sicher notwendig waren solche Anlagen für die von den Friesen aus auch in den Ostseebereich gelangten hochbordigen Vor- oder Frühformen der Kogge. Bei Birka konnten diese offensichtlich nur in einer bestimmten Bucht landen, die daher den Namen 'Kugghamn' trägt.

Sonst wird es sicher oft nur einfache, kaum ausgebaute Schiffsländen gegeben haben. Vor der spätwikingischen Siedlung Löddeköping befindet sich im Wasser ein aufgeschütteter Steinwall, der vielleicht als Schutz für einen solchen Ankerplatz gedient hat, und auf einem Runenstein in Uppland wird eine Landungsbrücke verzeichnet.

Hauptberufliche Schiffsbaumeister hat es im Norden während der Wikingerzeit kaum gegeben. Zwar wird mancher in der Sagaliteratur als tüchtiger Schiffsbauer erwähnt, doch war das nur eine zusätzliche Befähigung zu anderen Qualitäten und keine Erwerbsgrundlage. Selbst die Männer Wilhelms des Eroberers mußten für die Invasion Englands die notwendigen Schiffe selbst bauen – wie das sehr anschaulich in den verschiedenen Arbeitsstadien auf dem Teppich von Bayeux (Abb. 35) dargestellt ist. Ein Bauplatz für Schiffe oder eventuell eine regelrechte Werft wurde am Ufer des Idå bei Paviken auf Gotland entdeckt: Übliche Siedlungsfunde wurden hier kaum angetroffen, dagegen aber zahlreiche Nietstifte und Nietscheiben in einer Größe und Form, wie sie für den Klinkerbau charakteristisch sind. Trotz Kenntnis von Sägen wurden solche nicht bei der Herstellung der Planken eingesetzt. Statt dessen wurden die Stämme mit Keilen gespalten. Dadurch erhielten die einzelnen Planken einen leicht trapezoiden Querschnitt, der beim Klinkerbau vorteilhaft war. Da sie der Maserung nach gespalten waren, blieben sie stabil, schrumpften und splitterten auch wenig, und sie verzogen sich nicht so leicht. Beim Bau eines Schiffes wurden diese Planken zunächst am ausgelegten Kiel und den daran befestigten Steven angepaßt. Erst danach wurden die Spanten und andere innere Konstruktionsdetails eingebaut. Das heißt, es handelte sich um einen Schalenbau, bei dem im hohen Grad Erfahrungen und Augenmaß erforderlich waren.

Die weitere Ausstattung der Schiffe muß nicht am Bauplatz vorgenommen worden sein. Dazu gehörten schmale Landungsstege,

Abb. 35: Vom Schiff unmittelbar aussteigende Pferde, nach dem Teppich von Bayeux.

Anker, Schöpfgefäße, Trinkwasserbehältnisse, Seile, Peilstangen, Lot und anderes mehr.

Da die Schiffe zumindest in den nördlichen Bereichen im Winterhalbjahr kaum benutzt worden sein werden, wurden sie im Herbst an Land gezogen und in eigens dafür erbauten Bootsschuppen untergebracht. Solche einfachen Bootsschuppen finden sich oft reihenweise nebeneinander am Ufer. Sie sind von Skandinavien über die nordatlantischen Inseln bis nach Neufundland belegt.

# EXPANSION

Die Wikinger wären gar nicht so sehr in Erscheinung getreten, wenn sie ihre Heimatgebiete nicht in so großem Umfang und so häufig verlassen hätten. Friedlicher Handel mit den Nachbarvölkern hätte sie zwar den Kontinentaleuropäern bekannt gemacht, doch wären sie damit nichts anderes für ihre Zeitgenossen gewesen als Partner innerhalb eines übergreifenden Austauschsystems. Erst die weit ausholenden Expansionen über Flüsse und Meere mit unterschiedlichen Motivationen machen ihre eigentliche historische Bedeutung aus.

Die Formen wikingischer Expansion sind sehr unterschiedlich gewesen. Neben Raubzügen und Heerfahrten waren es Handelsreisen, Landnahmen mit Kolonisation und zufällige, aber folgenreiche Entdeckungsreisen. Diese Unternehmungen führten bis Bolgar und dem Kaspischen Meer im Osten, bis in das Mittelmeer im Süden und über Island und Grönland bis nach Nordamerika im Westen. Von Schweden aus befuhren die Wikinger vornehmlich die Ostsee und die osteuropäischen Ströme bis nach Byzanz, von Dänemark aus segelten sie in das Frankenreich und nach England, und von Norwegen aus richteten sie ihre Schiffe zu den Britischen Inseln und über den Nordatlantik.

Von am wenigsten nachhaltiger Wirkung sind die wikingischen Aktivitäten in Osteuropa gewesen, die fast ausschließlich von Mittelschweden und Gotland aus durchgeführt wurden. Dabei galt es weniger, osteuropäische Regionen im Slawenland zu erschließen, als vielmehr bis nach Byzanz und an die arabischen Märkte zu gelangen: Die byzantinischen Kaiser hielten sich lange Zeit Leibgarden aus Nordleuten, und arabisches Gut ist vor allem in Form von Münzen in großen Mengen über die osteuropäischen Ströme in den Ostseeraum gekommen.

Zahlreiche Funde typisch nordischer Schwerter deuten darauf hin, daß Waffengewalt bei manchen dieser Fahrten mit im Spiel gewesen ist. Doch ist die Rolle der Wikinger – oder Rus und Waräger, wie sie im Osten genannt wurden – noch nicht ganz geklärt. Sicher ist jedoch, daß der Beginn handelspolitischer Infiltration über das Baltikum führte, wo schon in der voraufgehenden Vendelzeit sowohl archäologisch als auch historisch belegte schwedische Stützpunkte bestanden.

In Osteuropa war die Besiedlung lichter als in den gut organisierten Königreichen Westeuropas. Das wird sicher dazu beigetragen haben, daß es dort noch nicht so früh zu vergleichbaren Staatsformen gekommen ist. Daß dort jedoch die Wikinger einen ersten Staat als Vorgänger des späteren Russischen Reiches gegründet haben sollen, ist wenig glaubhaft. Von einem solchen Vorgang wird in der frühestens im 12. Jahrhundert niedergeschriebenen Nestorchronik berichtet. Danach sollen drei schwedische Brüder berufen worden sein, eine Herrschaft zu errichten. Das ist aber ein Topos, wie er zu verschiedenen Zeiten ähnlich auch andernorts vorkommt. Er spiegelt nur verzerrt die Tatsache, daß die Wikinger an einzelnen Orten zeitweilig beim Wachsen der Gemeinwesen eine Bedeutung gehabt haben können. Daß sie eine starke Präsenz ausgeübt haben, wird daraus deutlich, daß sie 860 erstmals Byzanz angegriffen haben sollen, daß im 9. und 10. Jahrhundert mehrfach Handelsverträge zwischen den Kiewer Rus und Byzanz geschlossen wurden, daß ganze Wikingerflotten im frühen 10. Jahrhundert im Kaspischen Meer plündernd umherfuhren und daß die Dnjeprschnellen auch skandinavische Namen hatten. In Westeuropa werden die 'Rus' zum ersten Mal 839 in den ›Annales Bertiniani‹ genannt.

Die archäologischen Zeugnisse belegen nur, daß Nordleute an verschiedenen Orten länger ansässig gewesen sind, doch wird aus den Funden nicht ganz deutlich, welche Rolle sie dort gespielt haben. Zu den am weitesten im Osten gelegenen Orten, die dabei erreicht wurden, gehört Bolgar, das ein Handelsknotenpunkt mit eigenem Hinterland gewesen ist. In dessen Nähe muß auch die von einem arabischen Gewährsmann überlieferte Bestattung eines Wikingerhäuptlings in einem Schiff erfolgt sein. Wichtiger aber als der Wolgaweg ist sicher der Dnjeprweg gewesen.

So fanden sich bei Gnezdovo nahe Smolensk neben überwiegend slawischen Gräbern auch zahlreiche, die typisch skandinavische Inventare ergaben. Da auch Frauenschmuck in den charakteristischen Kombinationen dazugehörte, werden hier auch schwedische Familien länger gewohnt haben. Ähnlich sind die Befunde im Umfeld von Kiew, wo deshalb ebenfalls mit einer skandinavischen Kolonie an einem slawischen Zentralort gerechnet werden kann.

Stärker von den Wikingern geprägt war dagegen das näher bei Skandinavien liegende Alt-Ladoga, das in der altnordischen Überlieferung Aldeigjuborg genannt wird. Etwa 12 Kilometer flußaufwärts am Wolchow gelegen, ist an diesem Ort bereits im 8. Jahrhundert eine Besiedlung festzustellen. Doch sind erst von den Siedlungsfunden des 10. Jahrhunderts viele rein skandinavischer Art. Sie gehören zu kleinen einräumigen Bauten innerhalb des von mächtigen Erdwällen umfaßten Siedlungsraumes von etwa 300 × 300 m Größe. Unmittelbar neben der Siedlung gibt es kein skandinavisches Gräberfeld, doch wurden südöstlich von Ladoga in einem weiten Gebiet viele Gräber untersucht, von denen etliche Körpergräber mit rein mittelschwedischen Fundtypen ergaben.

Der Handel kann sicher nicht die alleinige Ursache für die Niederlassung so vieler Schweden beim Ladogasee gewesen sein, denn dann hätten sich die Indizien auf die Nähe der großen Flußläufe beschränkt. Hier sind dagegen Spuren echter Auswanderer zu verzeichnen, die sich nicht allzu weit von ihrem Herkunftsgebiet entfernt mit Slawen und Finnen teilweise vermischten und gewiß sehr bald naturalisiert wurden.

Die Wikinger waren in Osteuropa keine Staatsgründer. Sie waren vielmehr Kolonisatoren und Händler, die sich überall dort niederließen, wo das wirtschaftlich für sie von Interesse war. Trotz der Namensverbindung Rus – Rußland und trotz des Berichtes in der Nestorchronik beweist nichts, daß die Skandinavier in Osteuropa einen funktionsfähigen Staat gegründet oder auch nur entscheidend daran teilgehabt haben. Die archäologischen Befunde sprechen nur für die Anwesenheit kleiner Kolonien, die vielfach sicher nur der Aufrechterhaltung der lukrativen Handelswege dienten. Nur im Baltikum scheinen sie zeitweilig eine mit Tributeinnahmen verbundene Oberhoheit ausgeübt zu haben. Das Verdienst der Skandinavier war es im übrigen wohl lediglich, die Ostslawen stärker in ein europäisches Fernhandelsnetz mit einbezogen zu haben. Damit ist die Rolle der Wikinger in Osteuropa keine andere gewesen als diejenige, die sie an der südlichen Ostseeküste bei den Westslawen und den Pruzzen gespielt haben: In Ralswiek, Menzlin, Wollin, Wiskiauten und andernorts hat es skandinavische Kolonien rein handelspolitischer Art gegeben, von denen aus sicher manches slawische Fundstück in den Norden gelangt ist.

Anders als in den Weiten Osteuropas waren die wikingischen Kontakte mit dem kontinentalen Westeuropa. Archäologische Anhaltspunkte für die Anwesenheit der Nordleute gibt es hier nur sehr wenige. Zu den markantesten gehört ein Schiffsgrab auf der Île de Groix vor der Südküste der Bretagne, das mit reicher männlicher Ausstattung im 10. Jahrhundert angelegt worden ist. Vereinzelt zeugen darüber hinaus ebenfalls Schalenfibeln davon, daß sich auch Frauen aus dem Norden an der Westküste Frankreichs aufgehalten haben müssen. Aber Kolonien der Art wie im weiteren Bereich der Ostsee hat es hier offensichtlich nicht gegeben.

Zu den wikingischen Funden auf dem Kontinent zählen weiterhin auch Schwerter, die vor allem in den Flüssen unmittelbar oder in den näheren Einzugsbereichen der großen Ströme angetroffen wurden. Sie dürfen in dieser Massierung sicher als Zeugnisse von Kämpfen gelten.

Deutlicher faßbar werden wikingische Interventionen auf dem Kontinent in der schriftlichen Überlieferung. So werden bereits 799 die ersten Wikinger vor Aquitanien erwähnt, 810 griff eine dänische Flotte Friesland an, und in den Jahren 834–837 ist Dorestad, einer der wichtigsten karolingischen Ausgangshäfen für den Nordhandel, viermal geplündert worden. Diese Plünderungen scheinen dazu geführt zu haben, daß Dorestads Bedeutung als Handelsplatz seitdem zurückging; zumindest geht damit auch ein Quellenschwund in der historischen Überlieferung einher. 843 drangen dänische Heerscharen die fränkischen Ströme aufwärts, und für dasselbe Jahr wird die erste Überwinterung von Wikingern auf der Insel Noirmoutier verzeichnet. 844 wurde Sevilla von ihnen zerstört, 845 Paris verwüstet und das erste Danegeld in Höhe von 7000 Pfund Silber im Gebiet der Seine erhoben; bis 926 gab es im Frankenreich insgesamt dreizehn solche Danegelderhebungen. Im Jahr 845 wurde auch die Hammaburg verbrannt, in der sich Ansgars Bischofssitz befand und zu der eine vorgelagerte Kaufmannssiedlung gehörte. Der Brandhorizont dieses bei Rimbert eingehend geschilderten Überfalles hat sich bei archäologischen Untersuchungen in der Altstadt von Hamburg einwandfrei nachweisen lassen. 856 wurde das kirchliche Zentrum Tours und 882 wurden mehrere rheinische Städte verbrannt. Schon 851–861 hatten sich Wikinger auf der Insel Oiselle festgesetzt, wo sie eine permanente Bedrohung des westlichen Frankenreiches bildeten. Diese Ereignisse werden in den zeitgenössischen Reichs- und Kirchenquellen anschaulich klagend vermerkt. Ruhigere Zustände traten im kontinentalen Westeuropa eigentlich erst ein nach einem 927 zwischen Normannen und Franken geschlossenen Friedensvertrag und nachdem Heinrich I. den schwedischen König Knupa von Haithabu 934 im Norden besiegt hatte.

Die Ankunft der Wikinger muß oft sehr überraschend gewesen sein, das heißt, sie werden meist unbeobachtet direkt über See ohne jegliche mögliche Vorwarnung gekommen sein. Stützpunkte als

Zwischenlager auf den langen Anfahrtsstrecken scheint es nicht gegeben zu haben. Angst und Schrecken verbreiteten die Wikingerflotten offensichtlich nicht nur in gewohnter Weise an den Küsten, sondern auch weit stromaufwärts, obgleich sie dort selbst von den Ufern her wesentlich gefährdeter waren. Das zeigt mit aller Deutlichkeit, wie wehrlos die Bewohner des Kontinents ihnen ausgesetzt waren.

Auf zweierlei Weise versuchten sich Kaiser und Könige der wikingischen Angriffe zu erwehren. Zum einen bauten Karl d. Gr. und Ludwig d. Fromme einen Küstenschutz auf, der jedoch nicht besonders effektiv war, da er nicht aus einer einsatzfähigen schnellen Flotte, sondern aus landgebundenen Warnanlagen bestand. Zum anderen wurden Küstengebiete an Wikinger als Lehen gegeben, damit diese als Bollwerke gegen weitere Wikingerflotten wirken sollten. So erhielt 826 der aus seinem Land vertriebene Däne Harald nach seiner Taufe in Ingelheim Rüstringen im Gebiet des heutigen Jadebusens, und in der Mitte des 9. Jahrhunderts gab Lothar die Insel Walcheren in der Scheldemündung an die Brüder Harald und Rorik. Beide Lehen waren aber nicht von langer Dauer und brachten auch nicht die erhofften Erfolge.

Wirksamer war dagegen die Belehnung Rollos mit der Normandie im Jahre 911, wo Wikinger schon im 9. Jahrhundert ansässig waren. Durch die Belehnung wurden die bereits bestehenden Verhältnisse dort eigentlich nur legalisiert. Das dort entstandene Herzogtum im Reich des drangsalierten französischen Königs basierte wohl nur auf dem Übergewicht militärischer Macht und nicht etwa auf landwirtschaftlicher Kolonisierung. Von der Normandie aus erfolgte 1061–1091 die Eroberung Siziliens durch Normannen unter Roger I., die dort unter Nutzung der arabischen Kultur einen ersten modernen Verwaltungsstaat errichteten, der später von den Staufern fortgeführt wurde. Von der Normandie ging auch die Einnahme Englands durch Wilhelm den Eroberer im Jahre 1066 aus, die das Ende der Wikingerzeit bedeutete.

Das Mittelmeer ist häufig von wikingischen Flotten befahren worden. Sie kamen sowohl von Osten über Byzanz als auch vom Westen durch die Straße von Gibraltar. Doch traten sie dort weder mit der Regelmäßigkeit noch mit der durch Tributerhebungen so verheerenden aussaugenden Wirkung wie im Frankenreich auf, wo die meisten Mittelmeerfahrten ihren Ausgang genommen haben werden. Manche Nordleute müssen auch recht genaue Vorstellungen von Rom und dem Papsttum gehabt haben, denn um 1000 werden Pilgerfahrten von Island aus nach Rom in Skaldenstrophen genannt. Auch die Namen Peter und Paulus sind in dieser Zeit schon im Norden belegt. Allerdings irrten sich Nordleute, als sie einmal versuchten, Rom als Herrscherin der Welt einzunehmen: Sie eroberten Luna an der Nordgrenze des Kirchenstaates und töteten den dortigen Bischof in der Meinung, es sei der Papst.

Die Rolle der Wikinger für Kontinentaleuropa liegt in zwei Momenten. Zum einen übten sie eine verheerende Wirkung durch häufige Angriffe und Tributerhebungen aus, zum anderen waren sie Lieferanten begehrter Waren. Dennoch sind sie bei weitem überwiegend der nehmende Teil gewesen, was in einem gleichzeitig durch Auseinandersetzungen mit den Slawen und durch die Ungarneinfälle bedrohten Reich sicher nicht allzu schwer war. Die Nordleute haben keine bleibenden positiven Spuren auf dem Kontinent hinterlassen. Sie blieben hier nur in Erinnerung als tötende und brandschatzende Räuber und Erpresser, die ebenso schnell wieder verschwinden konnten, wie sie plötzlich auftauchten.

Anders als auf dem Kontinent verhielt es sich im insularen Westen, der zwar ebenfalls von den Nordleuten hart drangsaliert wurde, wo sich diese aber stellenweise darüber hinaus auch langfristig etablierten und mit der einheimischen Bevölkerung arrangierten.

Die Britischen Inseln wurden vor allem von zwei Raubphasen heimgesucht: eine zu Beginn der Wikingerzeit, die mit der Plünderung des Klosters Lindisfarne an der Küste Northumbriens eingeleitet wurde und bis an das Ende des 9. Jahrhunderts dauerte, und eine zweite um die Jahrtausendwende, innerhalb der 982 sogar London niedergebrannt wurde. In beiden Abschnitten ging es nur um Beutegewinn. Höhepunkte wurden durch die überlieferten Danegelderhebungen erreicht, die 994 mit 16000 Pfund Silber einsetzten und 1018 mit 72000 Pfund Silber, die etwa 17 Millionen Münzen entsprochen haben, ihren Abschluß fanden. Diese umfangreichen Tribute der Spätzeit haben einen starken Niederschlag in den skandinavischen Schatzfunden erhalten, obgleich die größte Silbermenge sicher eingeschmolzen worden ist: Aus Norwegen sind weit über 3000 thesaurierte Münzen bekannt, aus Dänemark und Schonen nahezu 14000 und aus dem übrigen Schweden mehr als 30000. Auch wird auf manchem Runenstein von der Teilnahme an Danegelderhebungen berichtet.

Von größerer Bedeutung für die Britischen Inseln waren aber die dort errichteten Herrschaftsgebiete der Wikinger (Abb. 36), wie

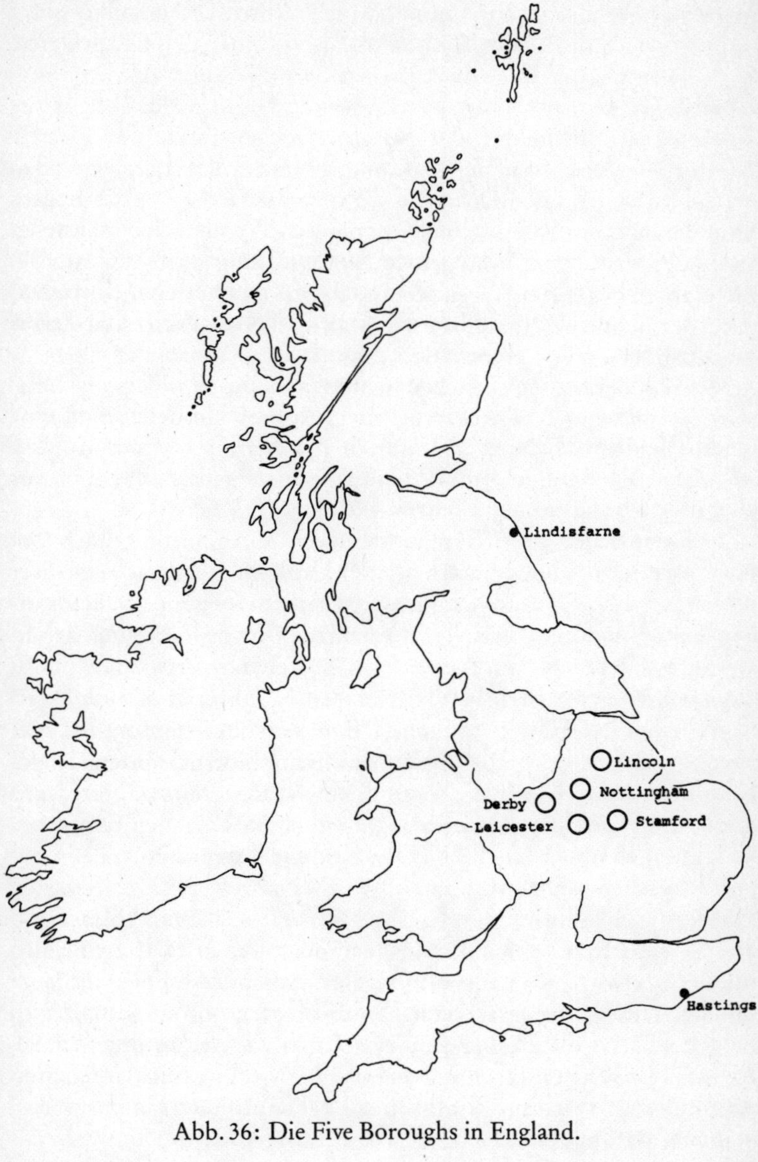


Abb. 36: Die Five Boroughs in England.

etwa ihr in York belegtes Königtum oder die von ihnen in Besitz genommenen Five Boroughs (Lincoln, Stamford, Leicester, Derby und Nottingham). Im Jahre 1016 wurde sogar der dänische König Knut d. Große zum König von England gewählt, so daß für kurze Zeit ein zusammenhängendes Nordseereich entstand.

Mit Hilfe der Ortsnamenforschung sind über die Angaben in den zeitgenössischen Quellen hinaus die ehemaligen wikingischen Siedlungsgebiete relativ gut zu lokalisieren. So tritt ein Bereich in Ostengland besonders deutlich hervor, der übereinstimmt mit dem Danelag, das heißt mit dem wikingischen Herrschaftsgebiet, das in einem Vertrag zwischen Dänen und König Alfred festgelegt wurde und dessen Südwestgrenze etwa zwischen London und Chester verlief.

Die Wikinger in England waren aber nicht nur eine regional herrschende Oberschicht, sondern viele von ihnen bildeten bald eine landsässige Bevölkerung. Sie betrieben bäuerliche Anwesen, oder sie waren als Kaufleute und Handwerker tätig. Letzteres gilt vor allem für die städtischen Zentren wie z. B. York.

York wurde 866 von Wikingern eingenommen, die dann den Ort für etwa ein Jahrhundert stark prägten. Im Altstadtbereich sind hier umfangreiche Ausgrabungen vorgenommen worden. Dabei wurden unter anderem in der Coppergate (= nord. Kesselmacherstraße) Reste von fast direkt beieinander stehenden Holzbauten mit zahlreichen Zeugnissen handwerklicher Tätigkeit in den rückwärtigen Teilen der Häuser freigelegt. Specksteinbearbeitung hat hier ebenso stattgefunden wie die Produktion typisch skandinavischer Schmuckstücke. Das heißt, es muß eine entsprechende Nachfrage in der ortsansässigen Bevölkerung gegeben haben. Die Erhaltungsbedingungen in der feuchten Kulturschicht waren so gut, daß Bauhölzer noch in Höhen von bis zu 1,8 m bewahrt waren. In der ersten Hälfte des 10. Jahrhunderts waren hier Häuser aus Pfosten und Stäben mit Flechtwerk aufgeführt, in der zweiten Hälfte des Jahrhunderts etwa 3 × 7 m große Bauten aus horizontalen Eichenbohlen, die durch senkrechte Kanthölzer gestützt wurden. In beiden Phasen waren die Gebäude durch Zäune voneinander getrennt. Die solchermaßen entstandenen Parzellen blieben in ihren Abgrenzungen stellenweise bis in das 19. Jahrhundert in ihren Ausmaßen unverändert stabil.

Im Gegensatz zum kontinentalen Westeuropa und zu Osteuropa hat es in England also eine starke wikingische Prägung mancher Landesteile gegeben, deren Spuren vereinzelt noch bis in die Neuzeit zu verfolgen sind.

Parallel zu der wikingischen Infiltration der britischen Hauptinsel ging auch ein Übergreifen auf Irland einher (Abb. 37). Dorthin führten zwar wenige Raubzüge, und es sind auch keine Danegelderhebungen belegt, doch sind Kaufmannsniederlassungen und Gründungen von Herrschaften auf Irland ebenso bezeugt wie in England. Der erste wikingische Überfall auf Irland fand 795 statt, und bereits 841 wurde an einer Furt am Dubh-Linn ein erstes Lager von Wikingern errichtet. Dieses entwickelte sich unter dem Namen Dublin schnell zu einer Großsiedlung, die zeitweilig zur Hauptstadt eines norwegisch geprägten Königreiches auf Irland wurde. Dublin war als Handelszentrum einer der Hauptstützpunkte der Skandinavier in Westeuropa. Eine besondere Rolle muß es als Umschlagplatz für Sklaven gespielt haben. Die großen Ausgrabungen der letzten Jahre im Stadtkern von Dublin haben in Kunst und Handwerk sowie in den Handelswaren enge Verbindungen mit Norwegen, vor allem mit dem Raum um Trondheim, erkennen lassen.

Stark mit Norwegen verbunden waren auch die nordbritischen Inselgruppen der Orkneys und Shetlands. Diese windigen und weitgehend baumlosen Archipele umfassen jeweils etwa 70 bzw. etwa 100 Inseln, auf denen mangels Bauholz schon früh vieles aus Stein gebaut wurde. Beide Inselgruppen wurden in der Wikingerzeit in ein dichtes Netz von Verkehrswegen einbezogen, wobei sie – wie bäuerliche Ansiedlungen wikingischer Prägung zeigen – mehr als nur Brückenköpfe waren. Jahrhundertelang wurde hier ein dem Altnordischen nahestehendes 'Norn' gesprochen, das erst in der Neuzeit vom Englischen verdrängt wurde. Noch heute sind skandinavische Ortsnamen dort häufiger als englische und schottische. Sie zeugen von einer intensiven Inbesitznahme. Die vornehmlich aus Norwegen stammenden Einwanderer kamen nicht als Räuber und Plünderer, sondern als landnehmende Bauern, die allerdings bald unter der nominellen Oberherrschaft des norwegischen Königs standen. Durch die Machtergreifung Harald Schönhaars wurden die Inselgruppen zum Zentrum eines zwar nicht selbständigen, aber langfristig weitgehend unabhängigen nordischen Herrschaftsgebietes, zu dem vorübergehend auch die Hebriden sowie Sutherland (= Südland) und Caithness im Norden Schottlands gehörten.

Am besten untersucht ist die Siedlung Jarlshof an der Südspitze der Shetlandinseln. Dort hat es eine kontinuierliche skandinavische Besiedlung vom frühen 9. Jahrhundert bis an das Ende des 13. Jahrhunderts gegeben. Hauptgebäude des umfangreichen Gehöftes war ein über 20 m großes Langhaus. Dazu gehörten mehrere Neben-

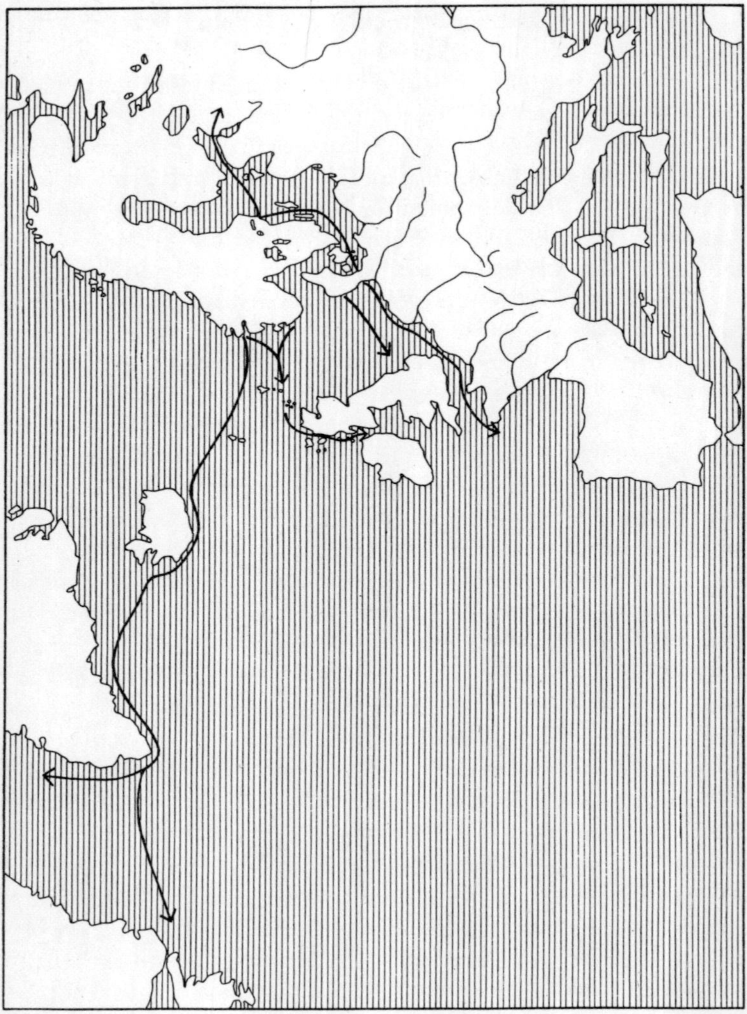

Abb. 37: Westfahrten der Wikinger.

gebäude, in denen sich eine Sauna, eine Schmiede und weitere Wirtschaftsräume befanden. Ähnlich haben auch andere Ansiedlungen auf den Orkney- und Shetlandinseln ausgesehen, die stets als einzeln gelegene Höfe und nie als Dörfer angelegt wurden.

Die Orkadenjarle wurden schnell zu starken Herrschern, die in eigenem Interesse ihre Macht ausübten. Einer von ihnen trug den Namen Thorfinn der Mächtige. Für seine vielen weltlichen Sünden erhielt er in Rom Absolution. Als er um 1065 starb, wurde er auf der Insel Birsay, wo er ein kirchliches Zentrum errichtet bzw. ausgebaut hatte, bestattet. Dort befand sich schon im 7. Jahrhundert ein von Pikten erbautes frühes Kloster mit einer kleinen Kirche. Diese Anlage wurde im 9. Jahrhundert von den Einwanderern aus Norwegen übernommen. Bis zur Mitte des 12. Jahrhunderts blieb der abgelegene Platz ein bedeutender nordischer Bischofsitz.

Eher wie eine Etappenstation wirken dagegen fälschlicherweise die ebenfalls im 9. Jahrhundert von Norwegen und von den Shetlandinseln aus besiedelten Färöer. Hier ließen sich in verstreuten Einzelhöfen Schafzüchter nieder, die ihren Speisezettel mit Hilfe der Vogeljagd und des Fischfanges erheblich abrundeten. Archäologisch erfaßbare Spuren haben sie jedoch nur sehr wenige hinterlassen. Es gibt hier an bisher erschlossenen Befunden einige sehr kleine, ärmlich anmutende Bestattungsplätze, einen knapp 100 Münzen umfassenden Silberschatz, Reste einer spätwikingischen Kirche und zwei ausgegrabene Gehöfte mit jeweils nebeneinander liegenden Wohn- und Stallgebäuden. Dennoch sind die Färöer ebenso wie Island durch die wikingische Besiedlung in Sprache und Kultur auf Dauer zu einem nordischen Land geworden.

Island (Abb. 38) wurde im Jahre 874 entdeckt:

„Island wurde zuerst von Norwegen aus besiedelt in den Tagen Haralds des Haarschönen, des Sohnes Halfdans des Schwarzen, das war ... damals, als Ivar, Ragnar Lodbroks Sohn, den englischen König Edmund den Heiligen erschlagen ließ. Das geschah aber 870 Jahre nach Christi Geburt, wie in seiner Geschichte geschrieben steht. Ingolf hieß der Norweger, von dem glaubhaft erzählt wird, daß er zum erstenmal von dort nach Island fuhr, als Harald der Haarschöne sechzehn Jahre alt war, und wenige Jahre später zum zweitenmal. Er siedelte im Süden in Reykjavik" (Aris Isländerbuch, cap. 1).

In den beiden darauf folgenden Generationen wurde Island besiedelt. Danach war das Land bereits weitgehend verteilt. Aus dieser Landnahmezeit sind etwa 400 Namen von Siedlern bekannt. Um

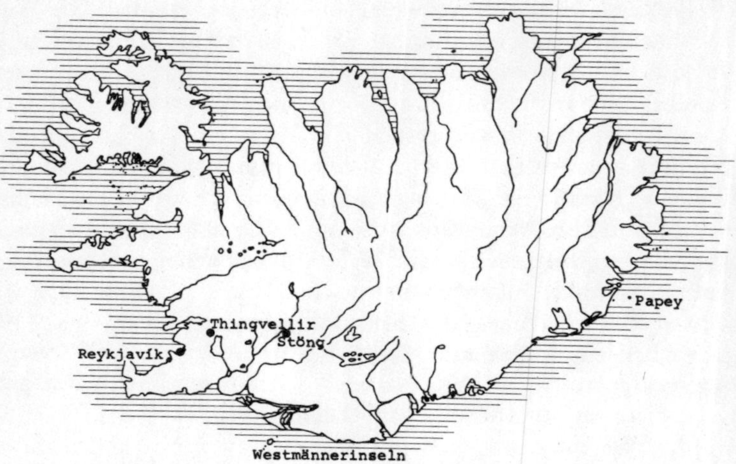


Abb. 38: Bedeutende Plätze der Wikingerzeit auf Island.

930 wird die Bevölkerung schon auf etwa 30000 Personen geschätzt. Vor der Ankunft der Nordleute müssen sich dort irische oder angelsächsische Eremiten, die papae, aufgehalten haben:

„In jener Zeit war Island zwischen Gebirge und Strand mit Wald bewachsen. Damals lebten hier Christen, die die Nordmänner Papen nennen, aber sie fuhren nachher fort, weil sie mit Heiden hier nicht wohnen wollten, und ließen irische Bücher, Glocken und Krummstäbe zurück; daraus konnte man abnehmen, daß sie Iren waren. Es begann nun aber aus Norwegen eine große Auswanderung hier herüber, bis König Harald einen Bann darauf legte, weil er fürchtete, daß das Land veröde“ (Aris Isländerbuch, cap. 1).

Die Island im Südosten vorgelagerte Insel Papey ist noch heute nach den frühen Christen benannt. Jüngst entdeckte Spuren einer angeblich vorwikingischen Besiedlung des 7./8. Jahrhunderts an der Westküste Islands haben bisher noch nicht bestätigt werden können.

Das Land bietet keine besonders einladenden, günstigen Siedlungsmöglichkeiten. Nur im Südwesten ist über den schmalen Küstenstreifen hinaus ein flächenmäßig zusammenhängendes größeres landwirtschaftlich nutzbares Areal vorhanden. Weite Teile der übrigen Insel werden von felsigen Bergen, Gletschermassen sowie Sand- und Lavawüsten eingenommen. Mancher Landesteil ist darüber hinaus durch Geysire und Vulkanausbrüche mit Lavaflüssen und

Niederschlägen von Vulkanasche gefährdet und dadurch für Siedlungen weniger geeignet. Trotzdem muß Island für die Einwanderer so verlockend gewesen sein, daß sie in großen Scharen kamen und das Wagnis einer mehrtägigen Fahrt in voll beladenen offenen Booten über den oft stürmischen Nordatlantik auf sich nahmen. Die politischen Verhältnisse in Norwegen, wo Harald Schönhaar mit starker Hand eine Reichseinigung herbeiführte, werden sicher einer der Anlässe dafür gewesen sein. Andere Landnehmer kamen aber von den Britischen Inseln. Was diese zu solchen spektakulären Unternehmen veranlaßte, ist unbekannt.

Dörfer entstanden in der Frühzeit auf Island nicht. Die Wirtschaftsbetriebe wurden als Einzelhöfe inmitten ihres Weidelandes angelegt. Ackerbau war nur in geringem Umfang möglich, weil aus klimatischen Gründen lediglich Gerste angebaut werden konnte. Da die vorgefundenen Birkenwälder bald weitgehend abgeholzt waren und ein Nachwachsen wegen der frei weidenden Schafe kaum möglich war, herrschte ein erheblicher Mangel an Baumaterialien. Weiterhin fehlten behaubare Steine ebenso wie Kalk und Lehm, so daß man stark auf die Verwendung von Treibholz und Soden angewiesen war.

Die Höfe wurden alle nach einem sehr ähnlichen Schema aufgeführt. Eine Einhegung umfaßte die Hauswiese und die wichtigsten Gebäude wie Wohnhaus, Vorratsbau und Rinderstall. Hinzu kamen Schmiede, Scheune und Schafstall, die oft in beträchtlichem Abstand zur erstgenannten Gebäudegruppe liegen konnten. Zuweilen gehörte auch eine kleine Eigenkirche zu einem Gehöft.

Anfangs waren die Wohngebäude ausgeprägte Langhäuser mit einem großen hallenähnlichen Raum, der im Zentrum die Feuerstelle barg. Diese erwiesen sich aber im kalten und feuchten Klima Islands als wenig geeigneter Haustyp. Daher wurden bald kleinere Raumeinheiten mit Anbauten errichtet, für die kürzeres Bauholz ausreichte und die wesentlich leichter zu beheizen waren.

Gut erforscht sind einige Gehöfte in Thjorsártal im Südwesten Islands. Durch einen Vulkanausbruch im Jahre 1104 wurde dieses einst fruchtbare Tal unbewohnbar. Die ersten Ansiedlungen haben hier sicher schon Ende des 9. Jahrhunderts stattgefunden. Im 10. Jahrhundert muß das ganze Tal schon weitgehend besiedelt gewesen sein. Die Höfe befanden sich in der für Island charakteristischen Lage an den seichten Hängen. Als typisch für das Thjorsártal kann das ausgegrabene Gehöft von Stöng gelten.

Stöng bestand aus mehreren verstreut liegenden Gebäuden. Das

Haupthaus mit bis zu 2 m starken Mauern aus Grassoden über einem niedrigen Steinfundament hatte einen über 12 m langen hallenartigen Wohnraum mit holzverschalten Erdbänken an den Längsseiten und drei kleinere Nebenräume; in einem Nebenraum hatte ein Webstuhl gestanden, in einem anderen waren Standspuren von großen Fässern. Zu dem Gehöft gehörten weiterhin ein kleiner Vorratsbau, ein Stall mit 18 bis 20 Viehboxen, die durch aufrecht stehende Steinplatten voneinander getrennt waren, sowie an einer hoch gelegenen Stelle eine Schmiede. Demnach war Stöng ein relativ großes Gehöft mit allen notwendigen Gebäuden, das von einer autarken Wirtschaftsform zeugt. Da keine Brandspuren entdeckt wurden, wird der niederfallende Ascheregen schon abgekühlt gewesen sein, so daß der Hof nicht unter Panik verlassen werden mußte. Daher fehlten auch alle wertvollen Objekte; sie konnten von den Bewohnern offensichtlich noch mitgenommen werden.

Eine Schmiede wie in Stöng muß es auf Island bei jedem größeren Hof gegeben haben. Es war eine Art Allzweckwerkstatt, in der repariert und mit örtlich verfügbaren Mitteln produziert wurde. Die locker gestreute Besiedlung ohne Dörfer und Städte war für die Spezialisierung einzelner Gewerbe nicht günstig. Die geringe Bevölkerungszahl bot nicht die Voraussetzungen für eine ausreichende Nachfrage. Daher mußten die wichtigsten Fertigkeiten auf den Höfen selbst beherrscht werden. Vor allem war der fachgerechte und sparsame Umgang mit Holz und Eisen notwendig. Eisen wurde aus Sumpferzen hinreichend zur Deckung des Eigenbedarfs gewonnen. Von Skallagrim wird berichtet, daß er Waffen und Schmiedegerät als Zeichen seiner besonderen Schmiedefähigkeiten zu Lebzeiten mit in das Grab bekam; außerdem wird er als tüchtiger Bootsbauer und Schmied geschildert. Im wesentlichen war er aber Großbauer, der die genannten Fähigkeiten zusätzlich besaß. Er war also in erster Linie ein autarker Siedler und kein Spezialist im engeren Sinne. Denn bis zur Entstehung von Dichtezentren im 19. Jahrhundert war Handwerk auf Island lediglich als eine Art Bauernhandwerk zur Selbstversorgung bekannt.

Bis in die Neuzeit hinein waren die Isländer von der Einfuhr mancher Rohstoffe und vieler Fertigprodukte abhängig. Das erklärt wohl auch, warum die Gräber der Wikingerzeit so wenige Beigaben enthalten. Es ist sicher schwer gewesen, noch brauchbare Gegenstände aus dem Umlauf zu nehmen. Zudem gab es keine so starke gesellschaftliche Differenzierung wie in Skandinavien, die dort zur Anlage gut ausgestatteter Häuptlings- und Fürstengräber geführt hat.

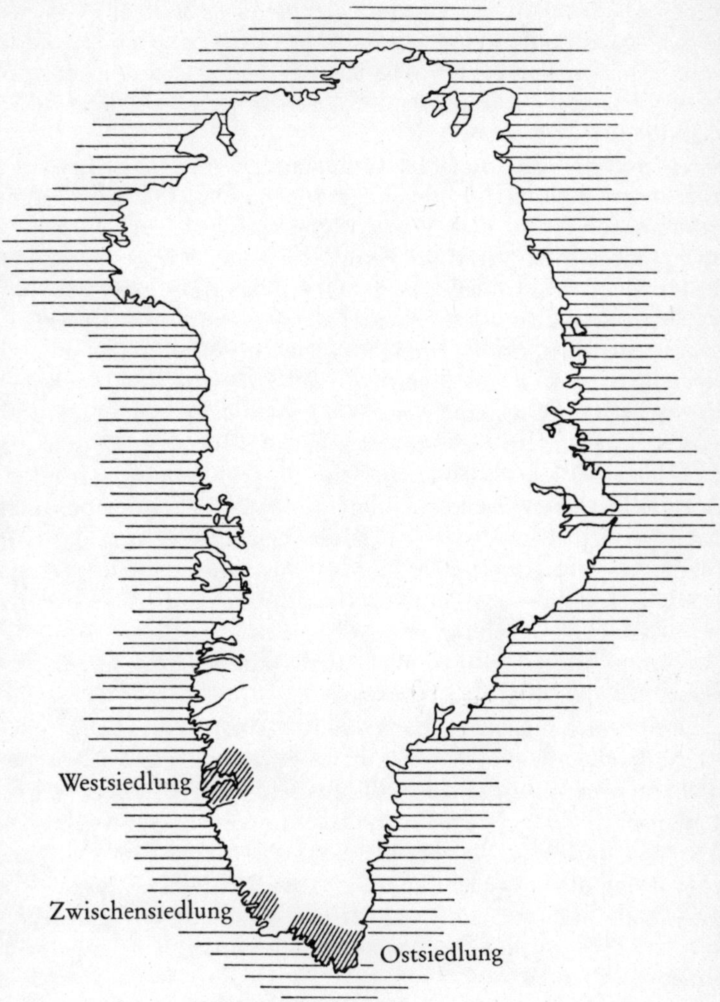


Abb. 39: Die Siedlungsgebiete der Wikinger auf Grönland.

Ähnlich nivellierte Verhältnisse müssen bis auf wenige Ausnahmen auch auf Grönland (Abb. 39) bestanden haben. Bereits um 900 von Island aus entdeckt, wurde diese größte Insel der Welt aber erst kurz vor der Jahrtausendwende unter Führung von Erich dem Roten besiedelt:

„Im gleichen Sommer fuhr Erich fort, um das Land zu besiedeln, das er gefunden hatte. Er nannte es Grönland, d. h. das grüne Land. Denn er meinte, die Leute würden eher Lust bekommen sich dort niederzulassen, wenn es einen so schönen Namen habe. Erich wirtschaftete fortan zu Steilhang im Erichsfjord" (Grönländer Geschichten I, 1).

Der irreführende Lockname Grünland hat viele Menschen dorthin gezogen, die sich im Süden in der sogenannten Ostsiedlung und weiter nördlich in der Westsiedlung niederließen. Insgesamt wurden hier seit langem Reste von 19 Kirchen, 2 Klöstern und etwa 300 Höfen registriert. Hinzu kommen neuerdings zahlreiche verschiedenenorts talaufwärts gelegene kleine Hofstellen, die wohl nur in den knappen Sommermonaten für die Viehweide genutzt wurden. In der Blütezeit in der späten Wikingerzeit und im hohen Mittelalter wird Grönland von 3000 bis 4000 Menschen bewohnt gewesen sein werden. Sie lebten von Viehzucht, Jagd und Fischfang. Etwa ein halbes Jahrtausend haben sich die Nordleute auf Grönland gehalten. Die Ursachen des Siedlungsendes um 1500 sind noch nicht sicher geklärt. Die Pest, eine Klimaverschlechterung, das Vordringen der Eskimos aus dem Norden, das Ausbleiben des notwendigen Nachschubs aus Norwegen und Piratenüberfälle werden sicher dazu beigetragen haben.

In der zweiten Hälfte des 11. Jahrhunderts wußte Adam von Bremen über Grönland zu berichten:

„Es gibt noch mehrere andere Inseln im Ozean; eine der größten ist Grönland; es liegt noch tiefer im Ozean, den schwedischen oder ripheischen Bergen gegenüber. Bis zu dieser Insel soll man von der norwegischen Küste aus wie nach Island in 5–7 Tagen segeln. Die Menschen dort sind bleichgrün wie das Meer, wovon das Land seinen Namen hat. Sie leben ähnlich wie die Isländer, nur sind sie rauher und mit ihren Schiffen als Räuber den Seefahrern gefährlich. Auch zu ihnen soll neuerdings das Christentum gelangt sein" (Adam von Bremen IV, 37).

Erichs des Roten Wohnsitz Brattahlid liegt weit im Inneren eines Fjordes, der nur von Kundigen zu finden war, da er im äußeren Teil geradezu unwirtlich wirkt, im inneren aber die beste und fruchtbarste Region von ganz Grönland bietet. Es muß also vor der Inbesitznahme eine systematische Erforschung der Küsten stattgefunden haben. In seiner Zusammensetzung war Brattahlid ein wenn auch sehr großer, so doch typischer grönländischer Hof. Aus der Frühphase ist bisher nur ein 20 m langes Hauptgebäude mit leicht nach außen gebogenen Längswänden aus starken Sodenpackungen entdeckt worden. Schon bald muß sich aber der Platz zu einer wirtschaftlich relativ starken, umfangreichen Anlage entwickelt haben. Er umfaßte ein zentrales Gebäude mit Wohn-, Schlaf-, Küchen-, Vorrats- und Brunnenraum, einen Komplex von Rinder- und Schafställen sowie Scheunen, Vorratsschuppen und eine Viehhege. Das von künstlichen Bewässerungsrinnen durchzogene Gehöft wurde im Norden durch eine Mauer aus Lesesteinen und im Süden durch einen Bachlauf begrenzt. Dieses war die wichtigste Wirtschaftsfläche eines mittelalterlichen Hofes auf Grönland, die vielleicht sogar gedüngt und als Heuland intensiv genutzt wurde. Die Bauten waren auch sonst auf Grönland mit Mauerstärken von 1,5 m aus Stein und Soden aufgeführt, wobei zuweilen sogar gewaltige Blöcke aus Sandstein und Porphyr Verwendung gefunden haben. Auf Brattahlid ist noch ein kleines, abseits gelegenes Gebäude von besonderem Interesse. Es ist die Kirche, die Erichs christliche Frau in der Südwestecke der Hauswiese bauen durfte. Diese Kirche war im Inneren nur knapp 3 m breit und knapp 5 m lang. Maximal zwanzig Personen konnten hier Platz finden. Gut einen Meter vor der Ostwand fanden sich in dem Grundriß aus konvexen Längsseiten und geraden Giebeln Spuren einer hölzernen Trennwand zwischen 'Chor' und 'Schiff'. Drei Wände bestanden aus Sodenpackungen, während die Westwand mit dem Eingang wahrscheinlich aus Brettern gefügt war. Der Boden und ein äußerer Zugangsweg waren mit roten Sandsteinplatten ausgelegt. Zu der Kirche gehörten 144 Bestattungen, die im Laufe des 11. Jahrhunderts angelegt worden sind. Die Männer lagen überwiegend südlich, die Frauen nördlich und die Kinder östlich der Kirche. Nahe dem südlichen Ende der Kirche wurde eine besonders große Grabgrube angetroffen, die die nicht mehr vollständigen, ungeordneten Knochen von zwölf Männern und einem 12–14jährigen Kind enthielt. Wahrscheinlich handelt es sich dabei um Verunglückte, die dorthin überführt worden sind. Wie bei christlichen Bestattungen zu erwarten, lagen in keinem der Gräber von Brattahlid Beigaben.

Den in und bei der Siedlung gefundenen Tierknochen nach zu urteilen, waren Rinder, Schafe und Ziegen die wichtigsten Haustiere auf Grönland. Es wurden aber auch Schweine gehalten, die ebenso wie die anderen Tiere im Sommer frei ihr Futter selbst suchen mußten. Als weitere Haustiere sind Pferd und Hund belegt. Hauptfleischlieferant war aber wohl der Seehund. Zumindest die Rinder mußten im arktischen und subarktischen Klima während des Winterhalbjahres aufgestallt werden. Die Stallgebäude mußten die von den Tieren selbst produzierte Wärme halten können. Daher diente als einzige Lichtzufuhr jeweils nur eine etwa 80 cm breite Tür, vor der sich ein mehrere Meter langer, schmaler Gang befand, damit die kalte Luft nicht direkt in den Stall gelangte.

Trotz der ungünstigeren klimatischen Bedingungen bot Grönland für die Siedler auch manche Vorteile gegenüber Island. So bestanden hier bessere Fangmöglichkeiten für die großen Seetiere. Auch war eine erfolgreichere Landjagd möglich, da es Landwild auf Island kaum gab. Als Rohstoff war der auf Island fehlende Speckstein vorhanden, und Treibholz als Baumaterial kam von Nordamerika herüber. Eisengewinnung aus Sumpferzen scheint bei allen großen Höfen der West- und Ostsiedlung betrieben worden zu sein. Doch bestand dennoch, wie die verhältnismäßig kleinen Fertigprodukte zeigen, ein Eisenmangel, da nicht genügend Feuerungsmaterial für die Schmelzprozesse zur Verfügung stand.

Wirklich autark konnte dieses große Land nur in wenigen Lebensbereichen sein. Die Abhängigkeit von den europäischen Abnehmern ihrer Fangergebnisse und eventuell auch einiger landwirtschaftlicher Erzeugnisse sowie von den Lieferanten lebensnotwendiger Rohstoffe und Fertigprodukte ließ die frühen nordischen Siedlungen Grönlands ständig überaus empfindliche Gemeinschaften sein. Da ihre Bewohner sich den arktischen Gegebenheiten nicht vollkommen genug haben anpassen können, waren ihrer Unabhängigkeit enge Grenzen gesetzt.

Auch die Entdeckung Nordamerikas um das Jahr 1000 und der Versuch, von dort Holz und vielleicht auch andere Materialien zu holen, führten auf Dauer nicht zu besseren Überlebenschancen, da die Nordleute auf dem neuen Kontinent keinen Fuß fassen konnten.

Die älteste Erwähnung Nordamerikas findet sich bei Adam von Bremen:

„Außerdem erzählte er, viele Männer hätten in diesem Ozean noch eine weitere Insel entdeckt; sie heiße Winland, weil dort wilde Weinstöcke wachsen, die besten Wein bringen. Nicht ausmalenden Vermutungen, sondern zuverlässigen dänischen Berichten entnehme ich auch, daß dort ohne Aussaat reichlich Getreide wächst" (Adam von Bremen IV, 39).

Die Kunde der Entdeckung muß aber schon etwas früher gegen Ende der Wikingerzeit Europa erreicht haben. Danach werden Nordamerikafahrten von Grönland aus mehrfach bis in das 14. Jahrhundert hinein in verschiedenen altnordischen Quellen genannt. Dabei werden einzelne Landesteile als Helluland (= Steinland),

Markland (= Waldland) und Vinland (= Weide- oder Grasland) unterschieden. Aus diesen Benennungen wird schon deutlich, welche Landschaftsarten für die Grönländer von besonderem Interesse waren. Den Überlieferungen nach müssen sie dort bis zu drei Jahren überwintert haben. Ein längerer Verbleib war offensichtlich wegen der Verluste bei Auseinandersetzungen mit Eingeborenen und wegen innerer Zwistigkeiten nicht möglich.

Im Norden Neufundlands wurde bei L'Anse aux Meadows eine wikingische Station entdeckt. Mehrere Häuser nordischer Bauweise, einige Bootsschuppen, ein Holzkohlemeiler und eine Schmiede lagen hier dicht beieinander am seichten Ufer einer Bucht. Eine sichere Datierung in die späte Wikingerzeit konnte durch Radiocarbonproben erfolgen. Sie wird bestätigt durch einige wenige Funde (eine typisch wikingische Schmucknadel, einen Spinnwirtel aus Speckstein und eine einfache Steinlampe, wie sie in gleicher Form mehrfach auf Island angetroffen wurde). Weitere Spuren eventueller wikingischer Ansiedlungsversuche sollen im Norden von Quebec an der Ungava Bay entdeckt worden sein. Das könnte durchaus zutreffen, da dieser Fundort noch wesentlich näher bei Grönland liegt als Neufundland.

Das Ausgreifen nach Nordamerika war die letzte wikingische oder in wikingischer Tradition stehende Expansion (Abb. 37). Damit wurde zugleich auch die weiteste Entfernung von den ehemaligen Ursprungsgebieten in Nordeuropa erreicht. Diese letzte Anstrengung war weder in einem begrenzten Zeitraum kontinuierlich noch von Dauer oder gar von nachhaltigen Folgen für Europa. Der Vorposten Grönland war als Basis nicht stark genug, um mögliche Siedlungspläne noch weiter westlich erfolgreich zu verwirklichen.

Die Entdeckungen im Nordatlantik sind Zufälle gewesen. Daß sie zum Teil aber zu sehr dauerhaften Kolonisierungen führten, ist dem entschlossenen und mutigen Unternehmungsgeist der Wikinger zu verdanken. Es ist dieselbe Entschlossenheit und pragmatische, sich selbst und anderen gegenüber wenig rücksichtsvoll wirkende Willenskraft, mit der sie sich über herrschende Zustände andernorts hinwegsetzen konnten und ihre mit System betriebenen Handelsfahrten, Raubzüge und Herrschaftsbildungen in Europa durchsetzten.

## KUNST UND KUNSTHANDWERK

Als besonderes Charakteristikum wikingischer Kultur kann die Kunst bzw. das Kunsthandwerk gelten. Auf diesem Gebiet wurden im Norden Leistungen erbracht, die zum Teil nur durch Rückstrom von Impulsen zu erklären sind, welche durch die zahlreichen Expansionsformen nach Skandinavien vermittelt wurden. Dennoch stehen sie in starker Disharmonie zu diesen vielfach zerstörenden Akten, da sie oft vollendete Schöpfungen in sich geschlossener ausgewogener Kompositionen darstellen.

Für die Kenntnis wikingischer 'Kunst' steht ein für frühgeschichtliche Verhältnisse überaus reichhaltiges Quellenmaterial zur Verfügung. Es sind vor allem verzierte Metallstücke wie Schmuckobjekte, Beschläge und anderes mehr, die als Träger verschiedenartiger Motive ein nahezu lückenloses Bild der Entwicklung im Laufe von zweieinhalb Jahrhunderten spiegeln. Hinzu kommen in großer Anzahl auch noch Steinmetzarbeiten, die häufig außer Ornamenten auch noch ganze Bildprogramme enthalten können. Auch Werke einer ausgereiften Holzschnitzkunst sind, wenn auch seltener, so doch in bemerkenswertem Umfang bewahrt, während freistehende Kleinplastiken und Zeugnisse der Textilkunst zu den Raritäten zählen.

Kennzeichnend für die wikingische Kunst ist die Tierornamentik, die in ihrem Bildinhalt aus einheimischen Wurzeln der Völkerwanderungs- und Vendelzeit entwickelt wurde, in die aber auch viele fremde Elemente, vor allem aus dem insularen Westen, geringer auch aus dem karolingisch-ottonischen Süden, Eingang gefunden haben.

Schon in der voraufgehenden Vendelzeit hatten sich im Norden einheimische Verzierungsformen herausgebildet, die sich deutlich von den zeitgleichen Erscheinungen auf dem Kontinent absetzten. Die spezifischen Vendelstile, die mit ihren vollendeten Tierfiguren auf zahlreichen Prunkgegenständen der uppländischen Bootgräber begegnen, kamen weitgehend ohne eine durch verschiedenfarbige Einlagematerialien bewirkte Polychromie aus; lediglich der dunkelrote Almandin war als farbliches Kontrastmittel zum glänzenden metallenen Untergrund beliebt. Bereits im Umfeld der vorwikingischen Sveakönige und Bauernhäuptlinge des Mälarseegebietes müssen hochqualifizierte Feinschmiede gearbeitet haben, deren bewahrte Zeugnisse zu erkennen geben, daß hier wohl Spezialisten für ihre Auftraggeber und Abnehmer tätig waren, deren Stilvorstellungen und Ausdrucksweisen durchaus unter dem Begriff Kunst gefaßt werden können und nichts mit naivem Kunstgewerbe zu tun haben. Ähnliche Verhältnisse müssen bereits im 7. und 8. Jahrhundert auch im südlichen Norwegen bestanden haben, obgleich sie dort noch nicht in einem mit der mittelschwedischen Vendelkultur vergleichbaren reichen Umfeld archäologisch nachgewiesen werden konnten. Aber ohne entsprechende Vorläufer ist das in den Quellen plötzliche Auftauchen einer bereits in höchster Blüte stehenden Kunst schon in der ersten Hälfte des 9. Jahrhunderts um den Oslofjord nicht zu erklären.

Kunst um ihrer selbst willen hat es in der Wikingerzeit nicht gegeben. Sie stand entweder im Dienste von Kult, Magie und Religion – doch sind entsprechende Zeugnisse weit in der Minderzahl –, oder es sind Produkte des Kunsthandwerks, innerhalb dessen es galt, alltägliche Gebrauchsgüter zu verzieren, Schmuck zu erzeugen und Prunkgegenstände herzustellen. Die erhaltenen künstlerischen Äußerungen haben also stets im Dienste einer übergeordneten Funktion gestanden. Kunst als Ausdruck des Zeitgeschmackes war gefragt, weniger oder gar nicht wurde dagegen der Zeitgeschmack bzw. die Mode geprägt durch avantgardistische, aus der Reihe vorausspringende 'Künstler'. Kunst wurde nicht elitär gesammelt und daher auch sicher nicht unter dem Aspekt des kommerziellen Profites 'betrieben', sondern sie hatte eher die Aufgabe, einerseits den Alltag und andererseits das durch Kult und Religion geprägte Feiermoment zu verschönen. Dabei ist sicher manchem Detail ein Symbolgehalt zugekommen, der heute kaum noch erschließbar sein wird.

Eine echte Monumentalkunst ist aus dem wikingerzeitlichen Norden nicht im Original überliefert. Eine solche muß es aber zumindest in Form von Architektur gegeben haben. So werden die heidnischen Tempel, vor allem derjenige von Uppsala, in dem Bericht Adams von Bremen noch in der zweiten Hälfte des 11. Jahrhunderts als reich geschmückte Bauwerke geschildert. Aus der wikingischen Spätzeit sind die frühen christlichen Stabkirchen in Norwegen noch vorhanden; einige schnitzverzierte Portal- und Wandteile sind ebenfalls auf Gotland und in Dänemark erhalten. Schließlich dürfen die großen dänischen Burganlagen aus der Zeit um die Jahrtausendwende mit ihrer verblüffenden Präzision der Bebauungsgrundrisse als architektonische Meisterleistungen gewertet werden, auch wenn das Aufgehende in seinen Einzelheiten unbekannt ist.

An größeren Objekten der wikingischen Kunst sind sonst nur solche aus Stein bewahrt. Die bei weitem überwiegende Menge des Materials stammt dagegen aus den Grabfunden. Naturgemäß handelt es sich dabei fast ausschließlich um recht kleine Gegenstände, die aber trotz ihrer weitgehenden Beschränkung in Größe und Material die Wandlungen der Darstellungsformen im Laufe der Generationen deutlich zu erkennen geben.

Die Kunst der Wikingerzeit war sowohl figural als auch ornamental; dabei ist aber auch oft eine Verschmelzung zu figuraler Ornamentik zu beobachten. Daher kann sie weitgehend als eine Art Dekorationskunst bezeichnet werden, mit der bei hohen Anforderungen an die Perfektion dem großen Zier- und Schmuckbedürfnis der Nordleute Rechnung getragen worden ist.

## BILD UND ORNAMENT IN DER KLEINKUNST

Die wikingischen Ornamente sind sehr abwechslungsreich. Im Vordergrund stehen Tierornamente, doch sind auch pflanzliche und geometrische Ornamente vorhanden. Letztere sind allerdings auf Randzonen begrenzt, oder sie treten etwa in Form von Flechtbändern als untergeordnete Bestandteile eines andersartig gestalteten Motives auf. Die Ausformung der Ornamente ist stark gebunden an das Trägerobjekt, auf dem aus funktionalen Gründen nicht immer die gesamte Fläche für Verzierungen zur Verfügung stand. Oft handelt es sich um aneinandergereihte Wiederholungen einzelner Bilder, die nicht zu Szenen zusammengestellt worden sind. Dennoch wirken die solchermaßen verzierten Bereiche nicht stereotyp und erstarrt, sondern lebendig und zuweilen sogar heiter-skurril.

Bis um 800 waren pflanzliche Ornamente im nordischen Motivschatz fremd. In der ersten Hälfte des 9. Jahrhunderts nehmen sie aber vorübergehend eine wichtige Stelle ein, jedoch ohne sich für die gesamte Wikingerzeit durchzusetzen. Eine erneute Aufnahme erfolgte seit der zweiten Hälfte des 10. Jahrhunderts. Beide Strömungen verliefen parallel mit verstärkten Missionstätigkeiten, so daß ein Eindringen im Gefolge der christlichen Mission naheliegt. Es ist vermutet worden, daß Kunsthandwerker die Missionare begleiteten oder daß nordische Zöglinge in Klosterschulen ausgebildet wurden und anschließend das neue Motiv in den Norden vermittelten. Am ehesten wird die Kenntnisnahme aber durch Importobjekte erfolgt sein, sei es durch solche kirchlicher Art wie die bei Rimbert genannten mitgeführten heiligen Bücher und Geräte, sei es durch alltägliche Gebrauchs- und Schmuckstücke.

In der frühen Wikingerzeit kamen die Anregungen zur Gestaltung pflanzlicher Ornamente (Abb. 40) aus zwei Gebieten. Zum einen aus dem insularen Westen in Form von Weinranken und zum anderen intensiver aus dem karolingischen Süden in Form von Akanthusblättern. Auf den Importfunden sind diese Arten deutlich voneinander zu unterscheiden. In der nordischen Übernahme und Umformung verschmolzen die Unterschiede aber schnell. Sie wurden vereinheitlicht zu einfachen Ranken, Blättern, Palmetten oder Zweigen und zum Teil sogar in mißverstandener Form zu ver-

Abb. 40: Pflanzliche Motive auf Metallarbeiten frühwikingischer Funde.

flachten, fast schon geometrisch anmutenden Ornamenten abgewandelt.

Sowohl auf Importen als auch auf einheimischen Produkten begegnen pflanzliche Motive fast ausschließlich in metallener Form. Trägerobjekte sind kleeblattförmige, rechteckige und ovale Beschläge bzw. Fibeln sowie Riemenzungen und Schmuckanhänger. Auf den für die Frauentracht so charakteristischen Schalenfibeln sind sie dagegen nicht vertreten. Die begrenzte Zeit ihres Vorkommens und das auffallende Fehlen auf den Schalenfibeln als der Hauptschmuckform der Wikingerzeit zeigen mit aller Deutlichkeit, daß diese fremde Ornamentik im Norden nicht heimisch wurde.

Parallel mit dem ersten Strom der Pflanzenornamente treten auch einige Spiralmotive auf, die es ebenfalls in der voraufgehenden vendelzeitlichen Kunst nicht gegeben hat. Auch diese wurden im 9. Jahrhundert nur vereinzelt in das nordische Kunsthandwerk eingegliedert. Erst seit der Mitte des 10. Jahrhunderts sind sie in Verbindung mit der Filigrantechnik häufiger belegt.

Beide genannten Fremdmotive scheinen vor allem über Haithabu ihren Weg in den Norden gefunden zu haben, denn dort wurden Fragmente von Gußformen gefunden, die den Versuch der Umsetzung in eine eigene Formensprache erweisen.

Im deutlichen Gegensatz zur Pflanzen- und Spiralornamentik stehen die wikingischen Tierornamente. Der Norden ist die einzige europäische Region, in der die frühmittelalterliche germanische

Tierornamentik ungebrochen bis in das 11. Jahrhundert fortlebte. Dabei wurden zwar auch außernordische Anregungen verarbeitet, doch erlaubte die breite einheimische Tradition eine konsequente spezifische Weiterentwicklung.

Die wikingischen Tierfiguren, die ihrer zoologischen Art nach durchweg nicht bestimmbar sind, bildeten im Norden die letzte Stufe in der hier ungebrochen fortlaufenden Entwicklung der zuvor weitgehend gemeingermanischen Tierornamente. Die jeweiligen Stile sind alle nach Fundorten benannt, an denen die entsprechende Erscheinungsform zuerst oder besonders ausgeprägt erkannt wurde bzw. vertreten ist, das heißt also nach repräsentativen Beispielen.

Die einzelnen Tierbilder sind stets in sich geschlossene Kompositionen, das heißt, sie sind nicht aus einem größeren Gesamtbild herausgeschnitten. Oft ist die Zierfläche durch ein Rahmenwerk in kleinere Felder gegliedert, die in sich jeweils wieder eine geschlossene Einheit bilden. Fast immer handelt es sich um vollständige Tierfiguren. Nur die Köpfe können auch für sich allein dargestellt sein. Oft sind die meistens gut erkennbaren Figuren einzeln wiedergegeben und nicht miteinander verwoben. Sie sind auch nicht bis zur Unleserlichkeit entstellt, wie das im frühen Mittelalter mit den verkürzt und vielfach nur fragmentarisch angedeuteten zoomorphen Figuren der Fall war.

Erste Anzeichen neuer Elemente in der nordischen Tierstilentwicklung sind auf einigen frühen Schalenfibeln des ausgehenden 8. Jahrhunderts festzustellen. Es sind angelsächsische Tierfiguren in Verbindung mit Knotenornamenten (Abb. 41), die jedoch keine weite Verbreitung in Skandinavien fanden. Erst um 800 treten die ersten sogenannten Greiftiere auf, die in verschiedenen Varianten die Kunst der älteren Wikingerzeit prägen.

Als eine regional begrenzte Übergangserscheinung im östlichen Mittelschweden kann der nach einem Grabfund auf Gotland benannte Broastil gelten (Abb. 42). Er begegnet nur auf qualitativ sehr hochstehenden Metallobjekten, auf denen die Zierflächen durch schmale Stege in kleine Felder oder Medaillons aufgeteilt sind. Die Motive sind in scharfkantigem Relief mit einer plastischen Licht-Schatten-Wirkung geschnitten. Die Figuren zeigen Anklänge an die bandförmigen Tiere der späten Vendelzeit (Abb. 43), zugleich aber auch Elemente der festlandskandinavischen Greiftiere. So sind Vorder- und Hinterleib oft stark betont, und die Beine können sich – in verschiedene Richtungen ragend – am Rahmenwerk festkrallen.

Abb. 41: Schalenfibel von Gudhjem, Bornholm, mit insular beeinflußter vorwikingischer Tierornamentik (nach D. M. Wilson und O. Klindt-Jensen), Länge 11 cm.

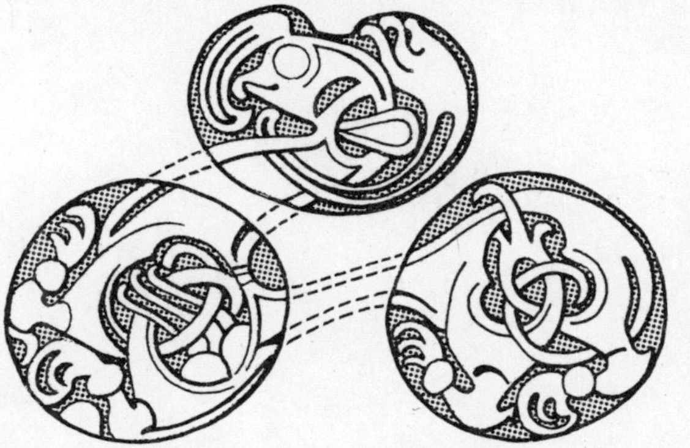

Abb. 42: Frühwikingische Verzierung eines Schwertknaufes von Stora Ihre, Gotland (nach D. M. Wilson und O. Klindt-Jensen), M = 2:1.

Die Anregung für die Entwicklung der nordischen Greiftierstile kam aus dem insularen Westen. Rein theoretisch könnten zum Beispiel die beiden Medaillons auf dem angelsächsischen Lindauer Buchdeckel aus dem 8. Jahrhundert (Abb. 44) geradezu ideale Vorlagen dafür dargestellt haben. Hier finden sich jeweils zwei Tierfiguren mit en face wiedergegebenem Kopf und betontem Vorder- und Hinterleib, deren Extremitäten umeinandergreifen. Solche Figuren werden im Norden unmittelbar bekannt geworden sein durch eingeführte Gegenstände westlicher Provenienz, wie etwa eine in Birka gefundene Buchschließe oder ein in Romsdal in Norwegen gefundener Zierring eines Krummstabes, die beide entsprechende Tierdarstellungen tragen.

Der früheste wikingische Greiftierstil ist der nach einem norwegischen Fundort benannte Berdalstil, der besonders die erste Hälfte des 9. Jahrhunderts kennzeichnet (Abb. 45). Er ist vor allem im westlichen Skandinavien auf metallenen Kleinfunden wie Fibeln und Beschlägen überliefert, doch ist er auch in Oseberg in Holz geschnitten belegt. Die Tiere dieses Stils sind stets komplett dargestellt. Die flächig betonten Vorder- und Hinterpartien sind lediglich durch einen schmalen Steg miteinander verbunden. Der von oben oder von vorn gesehene Kopf ist meistens überproportional groß. Oft sind die Figuren halbplastisch ausgeführt, im Gegensatz zu den flächenhaften Tieren der voraufgehenden Vendelzeit. Die Metallarbeiten im Berdalstil sind in der Regel Einzelanfertigungen und noch nicht Erzeugnisse der bald danach einsetzenden Massenproduktion.

Abb. 43: Detail einer Rückenknopffibel von Gotland (nach B. Salin), M = etwa 2:1.

Eine direkte Weiterentwicklung dieses ersten Greiftierstiles bildet der nach einem norwegischen Fürstengrab am Oslofjord benannte Borrestil (Abb. 46). Dieser Stil hat eine Verbreitung im gesamten Norden gefunden. Er ist von zahlreichen Objekten der zweiten Hälfte des 9. und des frühen 10. Jahrhunderts bekannt. Die einzelnen Elemente des Berdalstils wurden übernommen, doch ist

Abb. 44: Medaillon auf dem Lindauer Buchdeckel (nach G. Haseloff), M = 3:2.

Abb. 45: Tierfiguren im Berdalstil.

die Komposition der Tiere anders ausgeführt. Sie sind nicht mehr offen, nach allen Richtungen greifend wiedergegeben, sondern durch einen geschlossenen, mehr oder weniger rundlichen Aufbau gekennzeichnet. Die Körper sind aber noch betont zweigegliedert, die fast immer von vorn gesehenen Köpfe sind dreieckig, und die Füße ergreifen einen Körperteil oder einen Gegenstand. Zuweilen tritt dieser Stil in Verbindung mit einfachen Flechtbändern auf.

Nur sehr selten sind innerhalb der Greiftierstile auch Menschen dargestellt. Ein Beispiel dafür findet sich auf einem Steven des Osebergschiffes. Mehrere Figuren sind hier übereinander angeordnet. Die Gesichter sind dem Betrachter zugewandt, und es sind Bart, Halsring und Gürtel angegeben sowie Innenzeichnungen, die Hosen und Textilien mit Schulterstücken anzeigen (Abb. 54). Ohne Zweifel handelt es sich also um anthropomorphe Gestalten, die allerdings ein wenig wie Fabelwesen wirken.

Erneute Anregungen aus dem angelsächsischen Gebiet erreichten das nordische Kunsthandwerk in der Mitte des 10. Jahrhunderts; sie führten zur Ablösung der Greiftiere. Auf den Britischen Inseln hatten die Nordleute inzwischen vielfach Gelegenheit gehabt, Produkte von Buchmalern, Feinschmieden und Steinmetzen kennenzulernen und aus deren Motivvorrat zu schöpfen, wobei auch technische Fertigkeiten übernommen wurden. Besonders aufnahmebereit waren sie offensichtlich für schmale, langgestreckte Tierfiguren, denen sie dort allenthalben als Dekor auf verschiedensten Gegenständen begegneten. Diese bandförmigen Tiere, die in ganz Skandi-

Abb. 46: Tierfiguren im Borrestil.

navien eine schnelle Verbreitung fanden, stellen gegenüber den kleinen, gedrungenen Tieren der beiden voraufgehenden Stile eine echte Neuheit dar. Trotz unverkennbarer Ähnlichkeit mit dem späten einheimischen Vendelstil haben sie keine Verbindung zu den Erzeugnissen der nordischen Vorwikingerzeit.

Der neue Stil wird nach einem verzierten Silberbecher aus dem königlichen Nordhügel von Jelling in Jütland als Jellingstil bezeichnet (Abb. 47). Er muß bereits in der Mitte des 10. Jahrhunderts im Norden voll ausgebildet gewesen sein. Die langen, gleich breiten Tierkörper sind häufig in S-Form gebogen. Im östlichen Skandinavien sind sie meist etwas mehr zusammengerollt, im Westen dagegen gestreckter. Die Schenkelansätze sind durch Spiralen deutlich markiert, die oft mit einem Nackenschopf ausgestatteten Köpfe sind stets von der Seite gesehen (Abb. 48).

Schon bald wurden diese Figuren zum Mammenstil abgewandelt, der gegen Ende des 10. Jahrhunderts bis kurz nach der Jahrtausendwende vorherrschte und nach prunkvollen Kummetbeschlägen aus einem reichen Fund im Norden Jütlands benannt ist. Er ist der erste wikingische Tierstil, der im Norden auch auf zahlreichen standortgebundenen Steindenkmälern vertreten ist. Damit ist die Möglichkeit gegeben, die Zentren seiner Ausprägung an noch im Gelände erhaltenen Monumenten und nicht nur anhand von Gußformen und halbfertigen Produkten festzustellen. Nur durch diese doppelte Quellenbasis wird der Mammenstil z. B. auch in Mittelschweden gut dokumentiert.

Abb. 47: Abrollung der Verzierung auf dem Silberkelch von Jelling, Jütland (nach D. M. Wilson und O. Klindt-Jensen), M = 1:1.

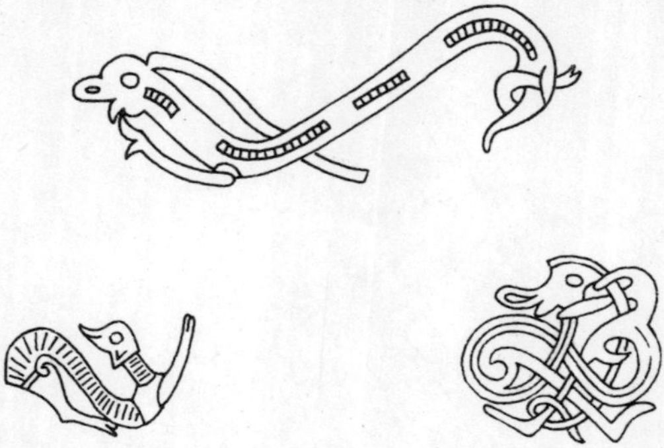

Abb. 48: Tierfiguren im Jellingstil.

Die Tiere des Mammenstils (Abb. 49) sind aufrecht stehende Vierfüßler oder andere große Wesen mit Kopf im Profil, geöffnetem Rachen, Nackenschopf und großen Schenkelspiralen. Sie sind auch als kleinplastische freistehende Figuren bekannt.

Abb. 49: Tierfiguren im Mammenstil.

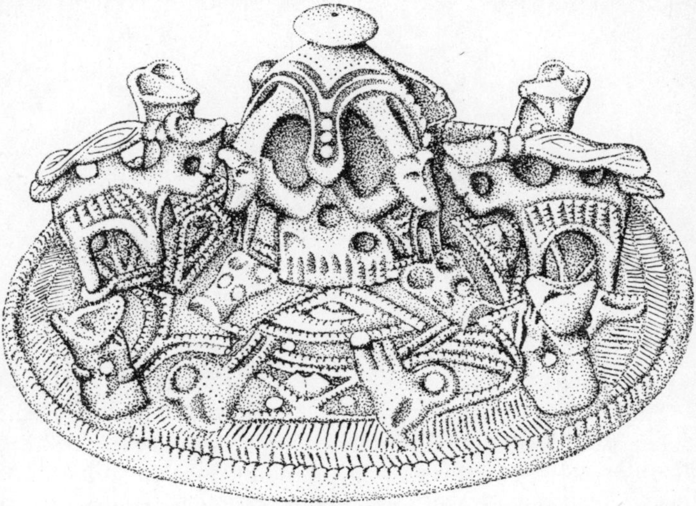

Abb. 50: Silberne Scheibenfibel von Högby, Öland (nach einer Fotovorlage), Durchmesser 8,2 cm.

Der Mammenstil gilt als ein vornehmer Dekorationsstil, da er nicht auf Erzeugnissen der Massenproduktion auftritt, sondern vorwiegend auf Einzelstücken in Silber gestaltet ist. Eine solche Begrenzung ist aber wahrscheinlich nur durch die Fundumstände bedingt, da aus der späten Wikingerzeit nur noch wenige Gräber mit Beigaben von Gebrauchsschmuck bekannt sind und die Masse der Kleinfunde dagegen aus Edelmetallschätzen stammt. Die Gestaltungsfreude der Kunsthandwerker erreichte in dieser Zeit einen Höhepunkt, der unter anderem in einer Reihe von geradezu barock überladen wirkenden silbernen Scheibenfibeln (Abb. 50) zum Ausdruck kam: Diese massiven, nur aus Schatzfunden bekannten Fibeln sind nicht nur auf ihrer Basisplatte flächendeckend ornamentiert, sondern es wurde im Zentrum auch ein brunnenartiger Aufbau appliziert, um den sich bis zu acht aufrecht stehende Vierfüßler gruppieren können. Gewiß waren solche schwergewichtigen Stücke kein alltäglicher Schmuck.

Der letzte germanische Tierstil, der die ausgehende Wikingerzeit des 11. Jahrhunderts bestimmt, ist nach der norwegischen Stabkirche von Urnes benannt (Abb. 56). Zuweilen wird er auch in etwas variierender Ausprägung als Ringerike- oder Runensteinstil bezeichnet. Er wird durch schmale, grazile Vierfüßler oder schlan-

Abb. 51: Tierfiguren im Urnesstil.

genartige Wesen mit spitzem Kopf charakterisiert (Abb. 51). Die Funde und Denkmäler zeigen, daß dem Urnesstil entsprechende Kunstwerke in Holz, Metall und Stein im gesamten Norden hergestellt wurden. Es ist also kein Stil, der nur noch in verharrenden Rückzugsgebieten zur Anwendung kam. Unter anderem ist er auch auf Runensteinen vertreten, die zur Erinnerung an Teilnehmer von Knuts d. Gr. letzter Danegelderhebung im Jahre 1018 errichtet wurden, sowie auf sogenannten Ingvarsteinen, die zum Gedenken an Mitglieder von Ingvars Zug nach Osten im Jahre 1041 aufgestellt wurden.

Die fünf großen wikingischen Tierstile verteilen sich auf etwa zweieinhalb Jahrhunderte. Da ihre Lebensdauer annähernd gleich lang war, hat jeder Stil die kunsthandwerkliche Mode jeweils knapp zwei Generationen lang geprägt.

Vereinzelte Fortführungen der wikingischen Tierornamente lassen sich auch noch in der romanischen Kunst beobachten, vor allem im sakralen Bereich wie an Taufbecken und Kirchenportalen. Die großen, vollständigen Tiere der späten Wikingerstile ließen sich ja problemlos etwa mit verschiedenen Drachenvorstellungen der hochmittelalterlichen Sagenwelt in Einklang bringen.

Einzeln dargestellte Figuren der wikingischen Tierstile können durchaus einen Symbolwert gehabt haben, der heute nicht mehr erschließbar ist. Die meisten Tierfiguren hatten aber wohl auch für ihre zeitgenössischen Betrachter nur einen rein ornamentalen Charakter, auch wenn die kuriosen Berdal- und Borretiere als Kobolde, die Jellingtiere als Midgardschlange und die Mammentiere als Drachen aufgefaßt werden können.

Verzierungen dieser Art beschränken sich nicht nur auf Schmuck, Beschläge, Schnallen und ähnliches. Schwertgriffe, Äxte, Lanzen,

Wetterfahnen, Messer, Pinzetten und anderes wurden ebenso ausgestaltet. Die Motive der Tierstile haben die Nordleute offensichtlich allenthalben begleitet.

Anthropomorphe Motive sind dagegen nur sehr selten in der Kleinkunst vertreten. So gibt es einfache Masken als Griffenden von Gebrauchsgegenständen sowie ausnahmsweise auch applizierte oder als Anhänger getragene Masken. Weiterhin sind einige Fibeln in Tier- oder Menschengestalt zu nennen, bei denen es sich stets um einzeln getragene Stücke handelt. Die menschenförmigen Fibeln sind vor allem antiquarisch von Interesse, da sie Trachtdetails und Frisuren zeigen (Abb. 13, 14). Die tierförmigen Exemplare sind relativ naturalistisch ausgeführt, das heißt, sie stehen nicht in der Tradition der Tierstile.

Auch szenische Darstellungen sind innerhalb der Kleinkunst nur sehr spärlich vertreten. Sie finden sich häufiger auf großen Bildträgern, da sie nur schwer in den flächenmäßig begrenzten ornamentalen Charakter der verzierten Metallobjekte eingebunden werden konnten. Aus Haithabu liegt aber eine Fibel in Form eines Reiters vor, der von einer Walküre begrüßt wird – ein Motiv, das vermutlich den Eintritt in Valhall darstellt, und auf einer Fibel von Birka findet sich das etwas unheimlich wirkende Bild von vermummten Tänzern. Auch zeigen die durch mehrmaligen Nachguß oft entstellten oder verflachten und damit kaum entwirrbaren Seitenfelder des häufigsten Schalenfibeltyps aus dem 9. Jahrhundert die Verschlingung eines Lebewesens durch einen liegenden oder kauernden Vierfüßler. Ob damit allerdings eine Szene aus dem 'Weltuntergang' der Völuspá gemeint ist, muß vorläufig offenbleiben. Mit größerer Wahrscheinlichkeit ist der Edda-Überlieferung das etwas jüngere Bild von einem Kummetbeschlag zuzuweisen, das eine menschliche Figur zeigt, die von einem lindwurmartigen Ungeheuer verschlungen wird (Abb. 52). Auffallend ist bei solchen kleinen Bildern, daß fast alle Szenen furchterregende Episoden darstellen. Den gleichen Eindruck machen auch manche Figuren der wikingischen Tierstile. Sie zeigen eine Welt von Dämonen und Geistern, denen vielfach eine bestimmte Bedeutung innegewohnt haben wird, die jedoch sicher auch bereits für manchen nordischen Betrachter der Wikingerzeit zu rein ornamentalen Gebilden herabgesunken waren.

Die meisten Gegenstände der Kleinkunst sind aus Bronze hergestellt. Viele Preziosen wurden aber auch aus Silber gefertigt, nur wenige dagegen aus Gold. Für den Silberschmuck sind in der Regel wohl Münzen eingeschmolzen worden, wie sie zu Tausenden in den

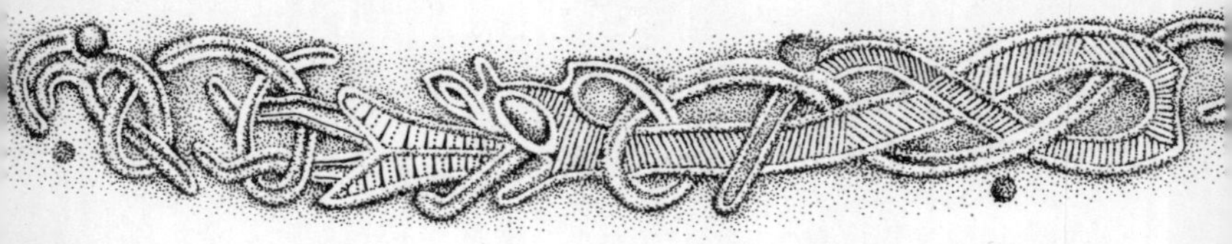

Abb. 52: Detail eines Kummetbeschlages von Mammen, Jütland (nach einer Fotovorlage). Etwas vergrößert.

großen Hacksilberfunden gesammelt wurden. Analysen haben erwiesen, daß der Schmuck tatsächlich häufig aus Münzsilber besteht. Entsprechende kleine Gußformen für Barren und auch Silberbarren selbst sind bekannt.

In begrenztem Umfang haben auch Blei und Zinn für die Schmuckproduktion Verwendung gefunden. Das ist vor allem in Haithabu belegt. Damit vergleichbare Stücke gibt es auch in England sowie im Scheldemündungsraum. Meistens sind es sehr einfache, gegossene Gegenstände mit einer schlichten, geometrischen Verzierung. Sie scheinen sich aber keiner sehr großen Beliebtheit erfreut zu haben, was bei dem sonst doch sehr hohen Standard des wikingischen Kunsthandwerks nicht verwundert.

Bemerkenswert ist, daß trotz der Kenntnis von Email in der Vendelzeit dieses Material in der Wikingerzeit nicht verarbeitet wurde. Einige Emailscheibenfibeln des 11. Jahrhunderts aus Schonen und dem Mälargebiet sind östlicher, das heißt byzantinischer Provenienz. Polychromie wurde im Norden dagegen vereinzelt erreicht durch die Einlage farbiger Steine oder Glasstücke, doch hat eine solche Verzierungsart keine große Rolle gespielt. In einem Exemplar ist aus Schonen eine Fibel überliefert, die statt dessen auf ihrer Schauseite mit roter und blauer Farbe bemalt war.

An kunsthandwerklichen Techniken waren alle diejenigen Verfahren bekannt, die auch heute noch bei Bronzegießern sowie bei Gold- und Feinschmieden geläufig sind. Die drei üblichen Gußarten in offener Form, in zweiteiliger und damit wiederholt verwendbarer Form und in der verlorenen Form mit Hilfe des Wachsausschmelzverfahrens wurden ebenso geübt wie das Gravieren und Ziselieren. Das Plattieren mit Gold- und Silberauflagen wurde nur selten gehandhabt, während die Feuervergoldung vielfach belegt werden kann. Dabei wurde Goldstaub mit Quecksilber zu einem zähen Brei vermischt, der auf die zu vergoldende Fläche aufgetragen wurde. Beim anschließenden Erhitzen verflog das Quecksilber, und es verblieb eine dünne Goldschicht. So konnten auch tief eingeschnittene Dekorteile den erstrebten Glanz gleichmäßig erhalten. Weiterhin ist das Tauschieren mit Silber- und Kupferdrähten bezeugt, die in nach unten verbreiterte Rillen eingehämmert wurden, sowie das Niellieren, bei dem eine schwefelhaltige Masse in Vertiefungen eingebracht wurde, um einen dunklen Kontrast auf einem hell glänzenden Untergrund zu bewirken.

Am eindrucksvollsten wird aber das hohe Können beleuchtet durch die seit der Mitte des 10. Jahrhunderts in Vollendung beherrschte schwierige Filigran- und Granulationstechnik. Dabei wurden auf massiven kleinen Bronzemodeln Gold- und Silberbleche vorgepreßt, so daß das beabsichtigte Muster als schwaches Relief erschien. In einem weiteren Arbeitsgang wurden darauf dann kleinste Granulationskügelchen oder gezwirnte bzw. gekerbte Filigrandrähte befestigt. Um die plastische Wirkung nicht zu verlieren, fand dabei kein Lot Verwendung. Vielmehr bestanden die aufgelegten Teile aus einer Legierung mit einem etwas niedrigeren Schmelzpunkt als bei der zugehörigen Grundscheibe. Beim behutsamen Erhitzen konnten die Auflagen anschmelzen, ohne zu einer verflachenden Masse zu verschmelzen. Dem Verbreitungsgebiet der entsprechenden Modeln nach zu urteilen, war diese Kunst vornehmlich im südlichen Ostseegebiet bekannt. Weiter nördlich mußten sich die Abnehmer mit aus Bronze gegossenen und vergoldeten Nachbildungen der perlenden Muster solcher Prunkfibeln begnügen. Die komplizierte Granulations- und Filigrantechnik war sicher nicht einfach durch experimentelles Kopieren kontinentaleuropäischer Vorlagen zu erlernen. Viemehr bedurfte es einer Schulung durch fremde Spezialisten auf diesem Gebiet. Vielleicht wurde das erleichtert durch Handwerker – artifices –, die im Gefolge der zweiten Missionswelle aus den ottonischen Zentren in den Norden gelangten.

Gewiß entsteht in bezug auf das wikingische Kunsthandwerk durch die Überlieferungsbedingungen ein falsches Bild, da Bunt- und Edelmetalle als stark überwiegend bevorzugte Arbeitsmaterialien hervortreten. Diese sind aber lediglich besser erhalten, weil sie im Erdboden nicht so schnell vergehen. Einen zahlenmäßig ebenfalls sehr großen Umfang werden sicher Erzeugnisse aus vergänglichen organischen Materialien eingenommen haben.

# HOLZSCHNITZKUNST

Als Ornamentträger waren hölzerne Gegenstände besonders geeignet, da Holz ein nahezu allenthalben zur Verfügung stehendes Material bildete und entsprechend auch zur Herstellung verschiedenster Prunk- und Gebrauchsobjekte Verwendung gefunden hat.

Der inhaltsreichste und vielfältigste erhaltene Fundkomplex mit Holzschnitzereien ist derjenige, der im Oseberggrab nahe Oslo aus der Mitte des 9. Jahrhunderts zutage gefördert wurde. In dieser wahrhaft königlichen Bestattung waren innerhalb des Schiffes eine komplette Küchenausstattung, Mobiliar, ein vierrädriger Wagen (Abb. 32), mehrere Schlitten und vieles andere mehr niedergelegt. Die Steven des Grabschiffes selbst waren mit Greiftierfiguren übersät und viele der Grabbeigaben trugen hervorragende Schnitzverzierungen. Hier finden sich halbplastisch und plastisch gestaltete Motive ebenso wie Reliefs und Ritzungen. Bei der großen Verschiedenartigkeit der Techniken und Ausdrucksformen müssen hier mehrere Meister am Werk gewesen sein. Vereinzelt finden sich auch Menschen in szenischen Darstellungen wie zum Beispiel Gunnar in der Schlangengrube oder eine Gruppe mehrerer Personen, zu denen auch ein Reiter gehört (Abb. 53). Bei weitem überwiegend handelt es sich aber um Tierfiguren im Stil der ersten Hälfte des 9. Jahrhunderts. Es sind meistens komplette Greiftiere in einer geradezu verblüffenden Verwobenheit, die überall lebhaft herumzukriechen scheinen (Abb. 54, 55).

Oseberg ist der einzige wikingische Fundkomplex, der sofort daran denken läßt, daß es hauptberuflich tätige Kunsthandwerker oder Künstler gegeben haben kann. Materialkenntnis, Perfektion und notwendiger Zeitaufwand verdeutlichen, daß hier Personen gewirkt haben müssen, die sich für lange Zeit mit unübertroffener Präzision ausschließlich der Holzschnitzkunst widmen konnten.

Seit der Bronzezeit hat es im Norden eine ungebrochene Holzschnitztradition gegeben. Durch zwei Jahrtausende dokumentieren plastische Figuren, Flachreliefs und Ritzungen zum Teil hervorragende Arbeiten. Stets handelt es sich dabei um Einzelstücke, die also keine 'Schulen' zu erkennen geben. Doch zeigen sie immer-

Abb. 53: Szenisches Detail vom Osebergwagen, Vestfold (nach einer Fotovorlage).

hin, daß die Erzeugnisse von Oseberg nicht plötzlich einem bis dahin unbekannten Wirkungsfeld zu verdanken sind, sondern dessen Entfaltung einer alten Freude am hölzernen Bildschaffen zuzuschreiben ist.

Auch die Tierstile des 10. Jahrhunderts sind in Holz geschnitten worden. Allerdings sind sie nicht in so einzigartiger Ansammlung wie in Oseberg zu fassen. Doch immerhin sind fein geschnitzte Objekte aus den für die Stile namengebenden Fundorten Jelling (Abb. 47, 48) und Mammen (Abb. 49) bekannt sowie weiterhin aus dem norwegischen Schiffsgrab von Gokstad, dem schwedischen Bootgrab von Årby und aus Haithabu. Vor allem die Fragmente aus den beiden dänischen Prunkgräbern und aus dem Fürstengrab von Gokstad lassen erahnen, daß dort ein reichhaltiges und qualitativ hochstehendes entsprechendes Inventar vorhanden gewesen sein muß. Die Funde aus Haithabu und Årby zeigen dagegen, daß auch einfachere hölzerne Gebrauchsgegenstände wie Schöpfkellen, Griffe und Kästchen jeweils im Stil ihrer Zeit verziert gewesen sind.

Im 11. Jahrhundert sind Schnitzwerke von den norwegischen Stabkirchen überliefert sowie Fragmente von solchen Bauten von Gotland, aus Mittelschweden und aus Dänemark (Abb. 57). Besonders gut belegt ist der Stil mit den grazilen schlanken Vierfüßlern an der namengebenden Stabkirche von Urnes (Abb. 56) in Norwegen, wo Portale und Giebel damit geschmückt sind. Aber auch die Portaleinfassungen der Stabkirche von Hyllestad aus dem ausgehenden 11. Jahrhundert sind hier zu nennen. Dort sind einzelne Szenen der Sigurdsage in medaillonartigen Rahmenwerken fortlaufend erzählend dargestellt, während das Umfeld und die verbindenden Teile zwischen den einzelnen Episoden noch Elemente des spätwikingischen Tierstiles aufweisen: Ein ganzes Bildprogramm wird hier ornamental zusammengehalten. Es scheint dabei kein

Abb. 54: Detail vom Steven des Osebergschiffes, Vestfold
(nach D. M. Wilson und O. Klindt-Jensen).

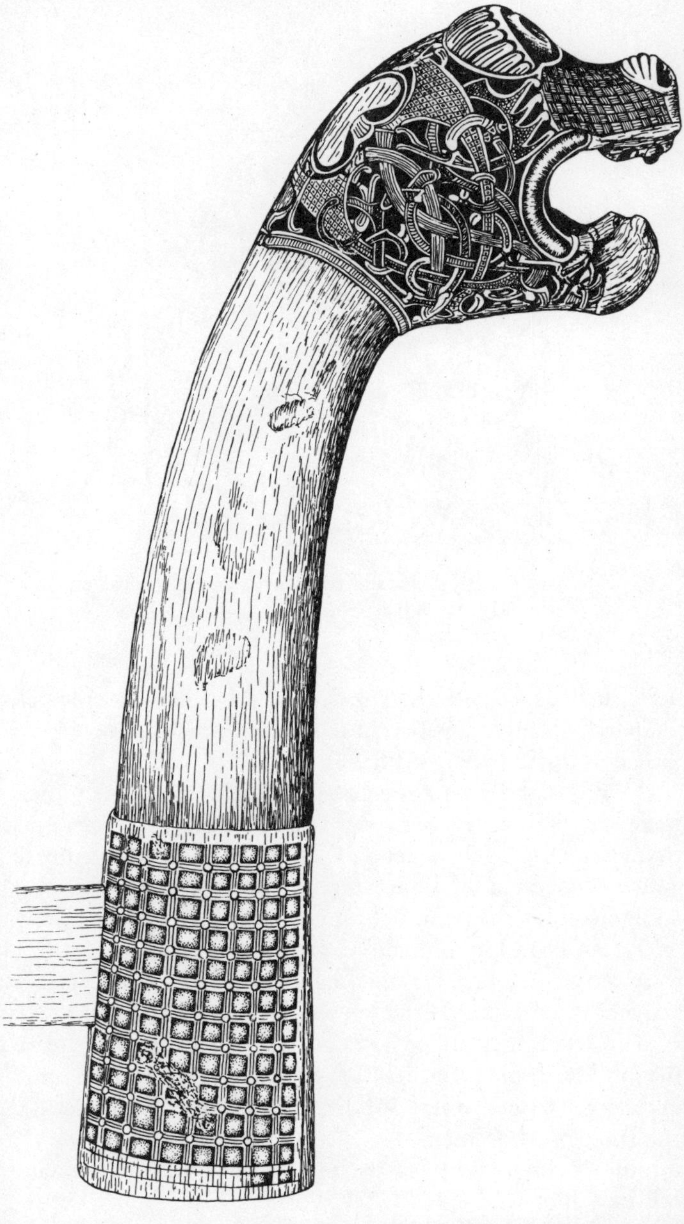

Abb. 55: Tierkopfpfosten von Oseberg, Vestfold (nach einer Fotovorlage), Höhe 52 cm.

Abb. 56: Giebel der Stabkirche von Urnes, Norwegen (nach D. M. Wilson und O. Klindt-Jensen).

Widerspruch darin gesehen worden zu sein, daß an einer christlichen Kirche Motive angebracht wurden, die nicht unbedingt einen christlichen Inhalt haben (Abb. 58).

Auch von Island sind einige Planken bekannt, die Kirchen der ausgehenden Wikingerzeit auf der Insel geschmückt haben müssen. Sie stammen aus abgebrochenen Kirchen, und sie sind zum Teil in profanen Gebäuden als Baumaterialien wiederverwendet worden, wo einige von ihnen erst in der jüngsten Neuzeit entdeckt wurden. Da Holz auf Island schon bald nach der Landnahmezeit eine Mangelware darstellte, sind sie glücklicherweise trotz der Zerstörung der zugehörigen Bauten erhalten geblieben. Diese Planken zeigen sowohl als Ritzungen als auch in flachen Reliefs figurale Motive mit Heiligenbildern, die offensichtlich problemlos gemeinsam mit langen schlangenartigen spitzköpfigen Tiergestalten auf ein und demselben Träger vorkommen.

Für die wikingischen Holzschnitzereien sind vorwiegend die harten Laubholzarten ausgewählt worden. Das Material muß sich jeweils schon in gut abgelagertem Zustand befunden haben, da es nicht mehr zu Trockenrissen neigte. Die Bearbeitung erfolgte mit

Abb. 57: Schnitzverzierte Stabkirchenplanke von Hørning, Jütland (nach Fotovorlage).

ziemlich einfachen Mitteln: Es wurde vor allem mit verschiedenen Messerformen geschnitzt und poliert, doch sind vereinzelt auch Stemmeisen, Bohrer und andere Werkzeuge bekannt.

Die Schnitzwerke zeigen nahezu dieselben Erscheinungsformen wie die jeweils gleichzeitige metallene Kleinkunst – nur in etwas größerem Format. Da Holz der wichtigste Werkstoff schlechthin war, werden wesentlich mehr solcher Produkte vorauszusetzen sein, die entweder im Erdboden vergangen oder der Forschung bisher entgangen sind. Glückliche Fundumstände an einem einzigen Ort können die Kenntnisse über diesen Bereich künstlerischen Schaffens in Zukunft aber noch erheblich erweitern. Doch werfen die erhaltenen, mit großem Geschick und Zeitaufwand entstandenen Objekte schon jetzt mehr als nur Schlaglichter auf diese eindrucksvolle Kunstrichtung.

Zumindest in der älteren Wikingerzeit muß es auch noch häufig größere Holzplastiken gegeben haben, denn die von den Missionaren so erfolgreich zerstörten Götterfiguren werden alle aus Holz bestanden haben. Solche gab es im Norden schon seit der Bronzezeit und zeitgleich mit den Wikingern gab es sie auch in der slawischen Welt südlich der Ostseeküste. Sogar für die zweite Hälfte des 11. Jahrhunderts nennt Adam von Bremen im Tempel von Uppsala noch drei solche großen Götterbildnisse. Keines davon ist bewahrt.

Abb. 58: Portalschnitzereien der Stabkirche von Hyllestad, Norwegen, mit Motiven der Sigurdsage (nach einer Fotovorlage).

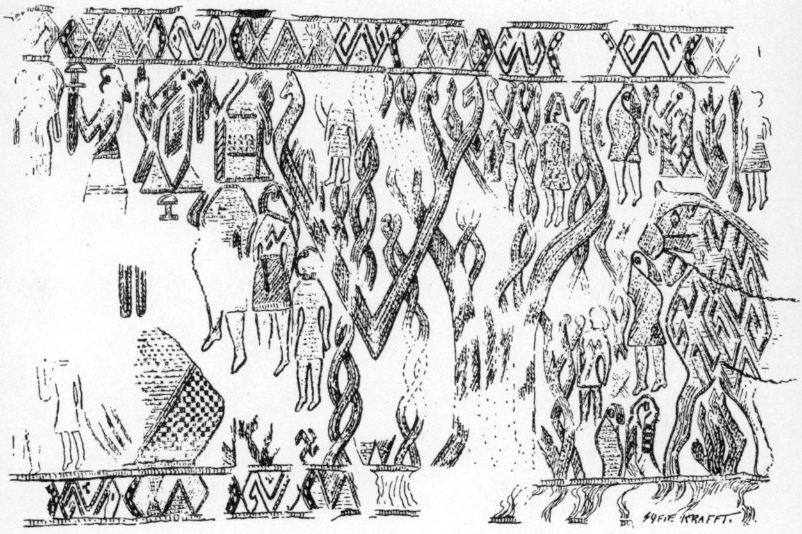


Abb. 59: Textilstück aus dem Grab von Oseberg, Vestfold (nach S. Krafft).

Diese Lücke wird voraussichtlich wegen der systematischen Vernichtung im Zeichen des christlichen Kreuzes nie mehr zu schließen sein.

Unter den verarbeiteten organischen Materialien muß schließlich auch noch die Textilkunst einen beachtlichen Umfang eingenommen haben. Naturgemäß sind aufgrund der schnellen Vergänglichkeit dieser Stoffe davon nur noch sehr wenige Fragmente überliefert. In erster Linie hat hier wiederum das Grab von Oseberg hervorragende Beispiele geliefert (Abb. 59). Dort sind Textilstücke, am ehesten wohl von Wandbehängen, mit ganzen erzählenden Szenen geborgen worden: Beladene Wagen, Reiterbilder, in Bäumen hängende (geopferte?) Menschen und manches andere mehr ist hier wiedergegeben. Die Motive scheinen sowohl der Mythologie als auch dem alltäglichen Leben entnommen zu sein. Auch aus den Gräbern von Birka sind einige mehrfarbige Textilstücke belegt, die Bilder einzelner schematischer Tierfiguren zeigen oder auf denen solche mit Brokatfäden gestaltet worden sind. Figurale Motive sind weiterhin als Stickereien aus Mammen in Dänemark bekannt; dabei hat unter anderem auch Seide Verwendung gefunden. Schließlich deutet die nachwikingische Sagaliteratur darauf hin, daß es motivreiche Wandbehänge verschiedenenorts gegeben haben muß. Da solche Gegenstände aber nur ausnahmsweise zu den Grabbeigaben gehört haben werden, müssen die Erwartungen auf weiterführende Neufunde gedämpft bleiben.

Die bewahrten Beispiele der Holz- und Textilkunst zeigen jedoch, daß auch diese Bereiche im gesamten Norden selbstverständlich gepflegt worden sind.

# SPEZIALISTEN UND KÜNSTLER

Vor allem im Hinblick auf die reiche und qualitätvolle Überlieferung von Zeugnissen der Kleinkunst und der Schnitzwerke stellt sich die Frage, welche Personengruppen diese gefertigt haben. Waren es Spezialisten und Künstler, die damit gewerbsmäßig beschäftigt gewesen sind, oder mögen auch andere Bevölkerungskreise beispielsweise an den langen nordischen Winterabenden als Urheber in Betracht kommen?

Erschließbar sind spezialisierte Handwerker im archäologischen Material nur durch die Perfektion der Fertigprodukte, durch die vorauszusetzenden, besondere Qualifikationen erfordernden Schwierigkeiten im Umgang mit dem Werkstoff, durch eine erfaßbare Serienproduktion, durch die Aufdeckung einer Werkstatt oder durch sogenannte Handwerkergräber mit berufsspezifischen Werkzeugbeigaben. Solche Beobachtungen erlauben allerdings nur Folgerungen, die nicht beweisbar sind. Für das Mittelalter kommen Schriftüberlieferungen hinzu. Sie erweisen, daß es bei den Germanen der späten Völkerwanderungszeit zum Beispiel am Königshof der Rugier im 6. Jahrhundert echte Goldschmiede gegegeben hat und daß am angelsächsischen Hofe Alfreds des Großen im 9. Jahrhundert unzählige Künstler von überall her tätig waren, die jede Art irdischer Kunst beherrschten. Für den spätwikingischen Norden ist sogar ein Handwerker bezeugt, der an einem Königshof bei verschiedenen Schmieden in die Lehre ging. Solche Personen sind als Kunsthandwerker zu bezeichnen, die im Gegensatz zu anderen kunsthandwerklich Tätigen ein professionelles Kunstgewerbe betrieben.

Die häufigste Hinterlassenschaft an den Werkplätzen von Metallhandwerkern stellen die Gußformen oder deren Fragmente dar. Solche aus Horn sind wohl nur für die Herstellung von Wachsmodellen oder für die gelegentlichen einfachen Schmuckstücke aus Blei und Zinn verwendet worden. Diejenigen aus Ton, Speckstein und Sandstein waren dagegen auch für das Gießen von Bunt- und Edelmetallen geeignet. Weiterhin sind auch einige wenige Formen aus Bronze belegt, die nach einem Vorerhitzen auf etwa 400° und bei Benutzung eines Trennmittels bis zu tausendmal eingesetzt werden konnten.

Besonders massiert treten Gußformen in den städtischen Anlagen auf. Die relativ großen ortsansässigen Bevölkerungsgruppen und die Durchreisenden werden für die notwendige Nachfrage gesorgt haben. Dennoch sind diese Funde nicht immer ein Indiz für standortgebundene Betriebe. Denn sowohl in Birka als auch in Haithabu gibt es je eine vollständige Gußform für die Produktion typisch slawischer halbmondförmiger Anhänger. Diese Formen können gewiß nicht als Belege für Exportproduktion gelten, sondern sie deuten eher auf Wanderhandwerker hin, die ihre Produktionsmittel mit sich führten, unabhängig davon, in welchem Absatzgebiet sie sich gerade aufhielten. Ebenso kann ein Fund von Gußformen bei Smiss auf Gotland gedeutet werden, da in diesen Formen Beschläge und Fibeln produziert wurden, die bisher nur aus festlandskandinavischen Funden bekannt geworden sind. Auch die Verbreitung der Preßmodeln für die Filigran- und Granulationsarbeiten des 10. Jahrhunderts kann für die Existenz von Wanderhandwerkern sprechen: Außer in Haithabu, York, Trelleborg, Lund und Sigtuna wurden solche nämlich in acht Fällen in nichtstädtischen Anlagen gefunden. Es ist kaum anzunehmen, daß die damit verbundene komplizierte Technik von lokalen Handwerkern abseits größerer Siedlungen beherrscht wurde.

Die Erzeugung einfacherer kunsthandwerklicher Produkte hat aber auch in den ländlichen Regionen stattgefunden. Sehr klar wird das an einem Befund von Ytre Moa in Norwegen: Hier gehört ein halbfertiger gegossener Schmuckanhänger zu den Funden eines kleinen bäuerlichen Gehöftes. Plätze dieser Art legen es nahe anzunehmen, daß es neben einer gewerblich ausgeübten Produktion auch bei so relativ schwierigen Herstellungsprozessen wie der Fertigung zumindest von Bronzeschmuck das nebenbei betriebene Hausgewerbe zur Deckung des eigenen Bedarfes oder desjenigen der nächsten Umwelt gegeben hat. Feinschmiede im engeren Sinne müssen die Erzeuger deshalb nicht alle gewesen sein.

Die sicher nur in den städtischen Großsiedlungen mit ihrer Nachfrage betriebene Massenproduktion von Schmuckwaren führte vielfach allmählich zu einer Verflachung der Ornamente. Je nach Imitationsverfahren bzw. Arbeitsmethode mußten die Modelle oder Formen stets wieder nachgearbeitet werden, so daß sich geringfügige Abweichungen im Dekor ergaben. Identische Serien herzustellen war also kaum möglich. Solche konnten nur bei der Verwendung unveränderlicher bronzener Gußformen, die jedoch nur in sehr wenigen Exemplaren bekannt sind, erreicht werden. Auch das

Abdrücken eines Fertigproduktes in Ton, um auf diese Weise eine Gußform für ein neues Exemplar zu erhalten, bewirkte kein absolut gleiches Stück, da die Bronze beim Erkalten schrumpfte und somit ein etwas kleineres Imitat entstand. Trotzdem kann für die Wikingerzeit durchaus von einer Massenproduktion gesprochen werden, da manche Schmucktypen in großen Stückzahlen hergestellt wurden. Aber auch innerhalb der Massenproduktion blieb Raum für individuelle Gestaltung. So sind selbst die beiden häufigsten Schalenfibeln des 9. und 10. Jahrhunderts manchmal durch zusätzliches stellenweises Plattieren mit Silber, durch Einbindung gezwirnter Silberdrähte oder durch Applizieren von Masken aus der Masse der einfachen Stücke herausgehoben.

Zumindest im insularen Westen muß es zur Zeit wikingischer Anwesenheit oder Herrschaftsausübung regelrechte 'Schulen' für die Ausbildung von Kunsthandwerkern gegeben haben. Das bekunden zahllose sogenannte trial-pieces oder motif-pieces, das heißt Probestücke. In der Regel handelt es sich dabei um Knochen, die zum Teil dicht nebeneinander mit eingeschnittenen Tierornamenten angelsächsisch-irischer und wikingischer Art besetzt sind. An diesen besonders häufig in den frühen Siedlungsschichten von Dublin gefundenen Stücken ist offensichtlich die Präzision der Schnitzer geübt worden. Die solchermaßen gewonnenen Erfahrungen konnten sie später nicht nur in Holz umsetzen, sondern beispielsweise auch als Negativ in Ton oder Speckstein, um Gußformen zu erzeugen.

Aber auch im Norden bestanden Möglichkeiten zu einer entsprechenden Ausbildung. Denn manche Produkte der hochqualifizierten wikingischen Feinschmiede sind nur erklärbar, wenn ein eigener Berufsstand vorausgesetzt wird. Ein Hinweis darauf, in dem auch ausdrücklich notwendige Lehrzeiten für das Erlernen der verschiedenen Schmiedehandwerke genannt werden, ist den ›Formmanna sögur‹ zu entnehmen. Die dort geschilderten Verhältnisse beziehen sich auf den Königshof Sven Estridsons, Zeitgenosse und Gewährsmann Adams von Bremen:

„Dann läßt der König einen Eisenschmied rufen, den, der der beste in der Stadt war, und sagt ihm folgendes: ‚Hier ist ein junger Mann, den du mitnehmen und dem du das Handwerk des Eisenschmiedes beibringen sollst, wenn er fähig ist, es zu erlernen. Achte auch darauf, daß du gut zu ihm bist, und mißgönne ihm nichts, damit Gott ihm Einsicht gäbe, die uns viel erwarten läßt.' Der Schmied stimmt hier dem Wunsch des Königs zu, und sie gehen beide zusammen in die Schmiede, und es ist schnell zu berichten, daß diese Lehre glatt voranschreitet mit gutem Verständnis, daß nach sechs Monaten der Lehrling seinem Meister gleich ist, und je weiter die Zeit fortschreitet, um so mehr ist Vigfús vorzüglich ausgebildet worden im Handwerk des Eisenschmiedes vor allen Leuten im dänischen Reich. Nachdem ein Jahr verstrichen ist, kommen sie beide zusammen vor den König und der alte Schmied sagt, wie weit er gekommen ist. Der König dankt ihm sehr und ruft jetzt einen Silberschmied und gibt ihm Vigfús in die Obhut. Er ist jetzt gelehriger in den Künsten, mehr als damals, als er sie vorher konnte, so daß der Meister nach sechs Monaten sagte, er habe ihm nichts mehr beizubringen, und genau das sagt er dem König. Der König gibt dann Vigfús in die dritte Lehre zum Goldschmied, um zu gravieren, um Edelsteine einzulegen und zu emaillieren; und nach acht Monaten kommt der Meister vor den König und sagt, er sei am Ende, den Mann zu belehren, der so klug und tüchtig in der Kunstfertigkeit mit Erz zu arbeiten sei, wie er nach seinen Worten niemals gesehen habe ...“ (Fornmanna sögur 11, 1828, 427.)

Ergänzend heißt es an anderer Stelle in den ›Fornmanna sögur‹, daß ein namentlich genannter Isländer wegen seiner Geschicklichkeit als Schmied am Hofe Harald Hardrådes in hoher Gunst stand, und im hochmittelalterlichen ›Frostatingslag‹ wird berichtet, daß Goldschmiede und Häuptlinge an norwegischen Höfen für gleichrangig erachtet wurden. Ein solches Ansehen, wie es in diesen späten Quellen belegt wird, werden Künstler ihres Faches auch in der eigentlichen Wikingerzeit gehabt haben, verstanden sich doch gemäß der ›Völuspá‹ sogar die Asen auf Schmiedearbeit.

So wie es repräsentative Bauwerke wie das Jellingmonument und die dänischen Burgen vom Typ Trelleborg gegeben hat, so gab es auch Repräsentationsobjekte innerhalb der Kunst, die mit höchsten gesellschaftlichen Gruppen eng verbunden gewesen sind. Dazu zählen aus der frühen Zeit die Schnitzwerke von Oseberg (Abb. 53 bis 55) und aus der späten Zeit die Schreine von Bamberg und Cammin aus der ersten Hälfte des 11. Jahrhunderts.

Der Schrein von Bamberg soll der Überlieferung nach der heiligen Kunigunde, der Gemahlin Heinrichs II., als Schmuckkästchen gedient haben. Wahrscheinlich hat der Schrein aber der Gemahlin Heinrichs III., Gunhild, gehört, die eine Tochter des dänischen Herrschers Knut d. Gr. war und im deutschen Sprachgebrauch Kunigunde genannt wurde. Sie wurde im Jahr 1036 mit Heinrich III. vermählt und starb bereits drei Jahre später. Der Schrein kann also zu ihrer Brautaussteuer gehört haben. Dafür sprechen auch die Lokalisierung des Herstellungsgebietes in Dänemark oder Südschweden sowie die stilistische Datierung. Der quadratische Schrein mit 26,5 cm Seitenlänge ist aus 16 Platten von Walroßelfenbein gebaut, die von vergoldeten Bronzebeschlägen zusammengehalten werden. Beschläge und Platten sind flächendeckend mit gravierten bzw. eingeschnittenen Tierfiguren und pflanzlichen Ranken verziert, die zu den Meisterwerken im späten Mammenstil zählen.

Der verschollene schiffsförmige Schrein von Cammin, auch Cordula-Schrein genannt (Abb. 60), war mit 63 cm Länge bedeutend größer. Er war aus Platten von Elchschaufeln gebaut, die durch Bronzebeschläge miteinander verbunden waren. Die Verzierungen im späten Mammenstil des südlichen Ostseegebietes stimmen in ihrer Ausführung so stark mit derjenigen des Schreines von Bamberg überein, daß eine Herstellung in ein und derselben Werkstatt nicht ausgeschlossen ist. Laut Snorri hat der Norweger Sigurd Jorsalafari vom dänischen König Erik einen Schrein erhalten, den er der Kirche in Kongehelle schenkte. Diese Kirche wurde 1135 von wendischen Scharen geplündert. Da Snorri ausdrücklich kirchliches Gerät als Beute erwähnt, wird auch der Schrein dazugehört haben, der auf diese Weise lange nach der Wikingerzeit in das Gebiet der Slawen an der südlichen Ostseeküste und damit nach Cammin gelangt sein kann. Sollte das zutreffen, so handelt es sich um eines der wenigen Objekte, das nicht der Anonymität der Ur- und Frühgeschichte anheimgefallen ist.

Echtes Elfenbein ist im Norden der Wikingerzeit nicht verarbeitet worden. Lediglich Surrogate, das heißt, die harten Beinarten von Walroß und Narwal haben eine geringe Rolle im Kunsthandwerk gespielt. Doch wurden diese Materialien nicht, wie zu vermuten wäre, ausschließlich für besonders erlesene Produkte verwendet, sondern ganz allgemein auch für solche, die ebenfalls aus anderen Werkstoffen bekannt sind. Das gilt für einfache Erzeugnisse wie Riemenzungen ebenso wie für die genannten beiden Schreine, von denen einer aus Platten von Elchschaufeln, der andere aus solchen von Walroßelfenbein besteht. Nur aus England gibt es Einzelstücke aus sakralem Bereich, die aus Walroßelfenbein geschnitten sind, doch ist deren Verbindung mit wikingischen Kunsthandwerkern nicht gesichert.

Wenn die hervorragendsten Arbeiten der Kunst und des Kunsthandwerks gerade in Verbindung mit Königshöfen oder in einer königlich anmutenden Umwelt sichtbar werden, so wird daraus der

Abb. 60: Detail des Cordula-Schreines (nach einer Fotovorlage).

Schluß zu ziehen sein, daß an solchen weltlichen ebenso wie an kirchlichen Zentren ein geeignetes Milieu bestand, um künstlerisch schaffenden Handwerkern die Möglichkeit zu bieten, ihre Fähigkeiten außerhalb der Erfordernisse einer alltäglichen Massenproduktion zu entfalten. Mit Förderung durch die höfische Umwelt ist unter solchen Bedingungen häufig echte Hofkunst entstanden. Nur dort werden Künstler vorauszusetzen sein, die sich ausschließlich ihrer Kunst widmen konnten. Ihr Werk ist in der Regel nur noch anhand der Zeugnisse aus wenig vergänglichem Material greifbar. Es wird aber wesentlich umfangreicher gewesen sein, als das heute noch aus den Bodenfunden zu erschließen ist. Das wird exemplarisch an dem Fund von Oseberg (Abb. 53–55) besonders deutlich. In dieser königlich wirkenden Bestattung hat sich eine Holzschnitzkunst von mehreren Meistern in einem Umfang und in einer Vollendung erhalten, die eine andere Erklärung als die Existenz von langfristig tätigen Hofkünstlern – den Hofdichtern vergleichbar – ausschließt.

## STEINMETZARBEITEN

Neben Metallarbeiten und Holzschnitzereien bilden Steindenkmäler eine dritte Gruppe bemerkenswerter wikingischer Kunstäußerungen. Ließ die metallene Kleinkunst eine lückenlose Stilentwicklung erkennen und wurden in den Holzschnitzwerken Höhepunkte künstlerischen Schaffens sichtbar, so zeigen die Steinmetzarbeiten dagegen einen anderen Motivvorrat, da deren große Bildflächen oft einen erzählenden Charakter haben.

In Stein geschlagene Bilder treten vor allem in Verbindung mit Runeninschriften auf. Doch haben solche Ausschmückungen im Norden keine lange Tradition. Im Gegensatz zu älteren, nichtgermanischen Zeugnissen auf dem Kontinent sind sie nicht plastisch ausgeführt. Es sind vielmehr flächig verzierte Steinplatten oder -blöcke, die neben geometrischen Ornamenten oft mit einzelnen Tier- oder Menschenfiguren, mit kleinen Szenen oder gar mit ganzen Bildprogrammen bedeckt sind. An Techniken fanden sowohl die Ritzung als auch das Flachrelief Verwendung. Solche Steine treten erst vereinzelt in der Völkerwanderungszeit auf, doch ist eine wirkliche Entfaltung der Steinmetzkunst, außer auf Gotland, erst in der Wikingerzeit zu beobachten.

Die nordischen Arbeiten scheinen zum Teil von den Britischen Inseln her beeinflußt worden zu sein; zumindest wird das für den dänischen und den festlandskandinavischen Raum zutreffen. Auf den Britischen Inseln gab es eine reiche Tradition frühchristlicher Steinmetzarbeiten. Solche sind dort zum Beispiel im Umkreis von York auch schon im 10. Jahrhundert mit eigener wikingischer Stilprägung nachempfunden worden. Da mit Bildern verzierte Steine in Dänemark und Schweden erst seit dem 10. Jahrhundert in größerer und gut gearbeiteter Zahl auftreten, wird deren Verbreitung wahrscheinlich durch Anregungen aus dem insularen Westen gefördert worden sein. Als ein mögliches Vorbild kann ein Stein vom St.-Pauls-Kirchhof in London genannt werden (Abb. 61). Er trägt als einziges flächendeckendes Motiv einen großen Vierfüßler im Flachrelief, der mit spiraligen Schenkelansätzen, zangenartigen Füßen, Nackenschopf und aufgerollter, weit herausragender Zunge ausgestattet ist. Er könnte in Technik und Motivdetails eine unmittelbare

Abb. 61: Tierfigur im Flachrelief auf einem Sarkophagstein von St. Paul, London (nach einer Fotovorlage).

Vorlage für die eine Bildseite des großen Jellingsteines gewesen sein. (Abb. 62). Dieser allseitig geschmückte Stein aus der zweiten Hälfte des 10. Jahrhunderts ist das früheste Beispiel des mit Sicherheit aus dem Westen übernommenen Flachreliefs. Doch ist diese in Jelling so vollendet von einem Fachkundigen beherrschte Technik im übrigen Norden nur selten geübt worden. Die meisten Steinmetzarbeiten in Schweden und Norwegen sind dagegen als Ritzungen ausgeführt (Abb. 63). In den meisten Fällen handelt es sich dabei nur um ein einfaches Ornament wie das christliche Kreuz oder um ein einzelnes Bild wie etwa einen Reiter, einen Vogel, Thor beim Fang der Midgardschlange (Abb. 24) oder Odin, der von Fenrir gebissen wird (Abb. 23).

Eine der inhaltsreichsten Ritzungen aus der Zeit um die Jahrtausendwende findet sich auf einem anstehenden Felsen am Ramsundberg in Södermanland. Die 4,7 m lange Ritzung wird von einem Ornament- und Runenband eingefaßt, dessen Text mit der Bildfolge nichts zu tun hat. Das Runenband ist als Drache gestaltet, den der darunter kniende Sigurd mit dem eigens zu diesem Zweck geschmiedeten Schwert ersticht. Der Sage nach konnte er sich dadurch des

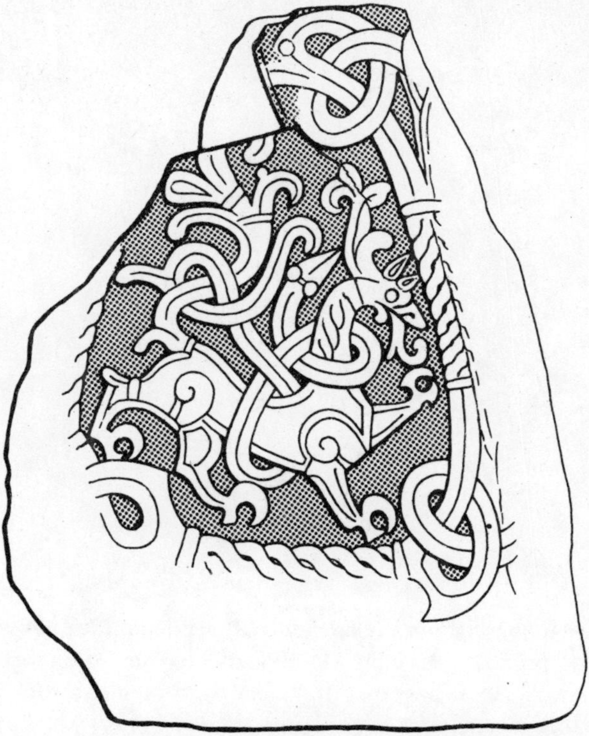

Abb. 62: Löwenseite des Steines von Jelling, Jütland (nach einer Fotovorlage).

von dem Drachen behüteten Schatzes bemächtigen. Als er das Herz des Drachens briet und sich den Daumen verbrannte, verstand er die Sprache der Vögel und wurde so auf den Verräter Regin aufmerksam. Einzelheiten dieser Sage sind auf der Bildfläche wiedergegeben: Das Pferd mit der aufgeladenen Schatztruhe, Sigurd selbst beim Braten des Drachenherzens mit dem verbrannten Daumen im Mund, die Vögel auf einem stilisierten Baum, der enthauptete Verräter Regin sowie die Schmiedegeräte Hammer, Zange, Amboß und Blasebalg.

Ausführlich dargestellt ist diese Sage auch auf dem bereits genannten Portal der norwegischen Stabkirche in Hyllestad (Abb. 58). Weitere Denkmäler zeigen lediglich einzelne Episoden aus der Sigurdsage (Abb. 64). Sie erweisen insgesamt, daß das Siegfried-

Abb. 63: Runenstein von Tullstorp, Schonen (nach D. M. Wilson und O. Klindt-Jensen).

Sigurd-Motiv bereits um die Jahrtausendwende im Norden weithin bekannt war, und sie ergänzen in besonderer Weise die schriftliche Überlieferung dieses Sagenstoffes: Sie zeigen nicht nur im Gegensatz zur Textüberlieferung, wie früh und wie weit diese Sage überhaupt verbreitet gewesen ist, sondern auch, welche Episoden besonders beliebt und für die Nordleute festhaltenswert gewesen sind.

Voraussetzung zur Deutung der Steinmetzarbeiten ist nicht nur das Erkennen einzelner Bilder, sondern das Sichtbarmachen ganzer Bildprogramme oder Episoden. Da manche Denkmäler wegen der geringen Eintiefung der Bildlinien in die rauhe, natürlich verwitterte Gesteinsoberfläche nur schwer lesbar sind, ist dieses Quellenmaterial sicher bei weitem noch nicht ausgeschöpft worden. Leider sind diese Denkmäler, die zum Teil als hervorragende Zeugnisse einer blühenden Steinmetzkunst gelten dürfen (z.B. Jelling und Ramsundberg), nur in ganz wenigen Ausnahmefällen signiert. Eher ist schon mal der Auftraggeber verzeichnet. Das bedeutet, daß der Steinmetz selbst wohl keinen Wert darauf legte, seine Urheberschaft der Nachwelt kundzutun. Nichts deutet daher darauf hin, daß es sich bei den Herstellern um hauptberuflich tätige Steinmetze gehandelt hat. Solche sind wohl erst in einer Zeit vorauszusetzen, in der das Auftragsvolumen größer wurde. Das war eigentlich erst mög-

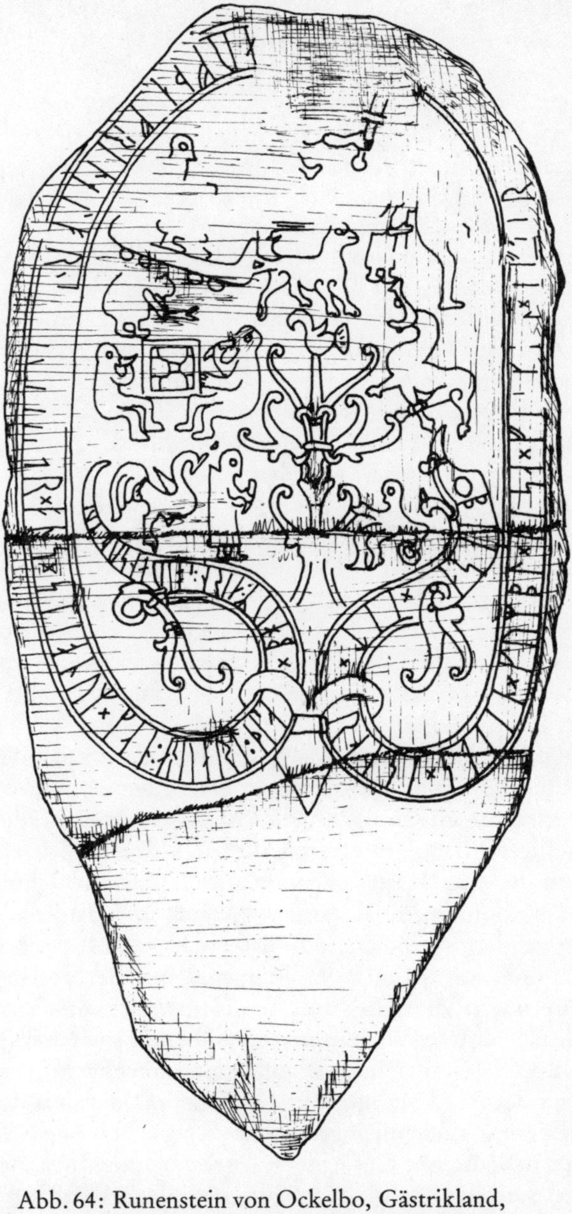

Abb. 64: Runenstein von Ockelbo, Gästrikland, mit Motiven der Sigurdsage (nach T. Capelle).

lich, wenn nicht nur einzelne Erinnerungssteine gefragt waren, sondern der Arbeitsbereich zusätzlich auch die Steinarchitektur umfaßte.

Eine ganz besondere Gruppe von Bildsteinen ist auf Gotland überliefert. Es sind ebenfalls in der Regel Gedenksteine, die jedoch meist keine Runeninschrift tragen. Diese vom 6./7. bis 11. Jahrhundert fast durchweg aus dem leicht spaltbaren Kalkstein der Insel errichteten Denkmäler waren anfangs hochkant gestellte Rechtecke mit konkaven bzw. konvexen Seiten. In der Wikingerzeit waren sie pilzförmig (Abb. 65, 66). Die Fundumstände und die ehemaligen Standorte sind sehr unterschiedlich. Nur wenige Exemplare stehen noch an Ort und Stelle im Gelände. Manche fanden sekundär als Baumaterial Verwendung und wurden in Kirchen eingemauert. Dabei war die relativ weiche Kalksteinoberfläche leicht zerstörbar. Daher sind die Bilder nicht immer leicht zu lesen, zumal sie nur seicht eingearbeitet sind. Im großen und ganzen sind die vorgelegten Lesungen, die zuweilen mit Hilfe von Schlaglicht erfolgten, um jede künstliche Unebenheit sichtbar zu machen, aber gesichert. Die einzelnen Bildszenen sind in mehreren Horizonten übereinander angeordnet. Neben wiederkehrenden Bildern aus der Götterwelt scheinen manche Szenen Episoden aus dem Leben der Verstorbenen zu zeigen, zu deren Gedenken die Steine errichtet wurden. Sie stellen damit eine einzigartige Quelle zur Mythologie und zum alltäglichen Leben dar (Abb. 67).

Das häufigste Motiv auf den gotländischen Bildsteinen ist ein Schiff unter Segel – gewiß die angemessene Kennzeichnung einer seefahrenden Bevölkerung. Ziemlich oft ist auch Odins achtbeiniges Pferd Sleipnir wiedergegeben. Es finden sich aber auch Kampfszenen, eine Darstellung vom Überfall auf ein Gehöft, Opferung und Bestattung, Ausschnitte aus Sagen, verschiedene Symbole und vieles andere mehr. Diese Bildsteine halten oft zeitgenössisch fest, was sonst erst später in der literarischen Überlieferung belegt ist. Dadurch wird das Vorhandensein etwa bestimmter Sagenstoffe oder gesellschaftlicher Phänomene in frühen Formen bezeugt. Das gilt zum Beispiel für die Wielandsage, die demnach schon im 8. Jahrhundert auf Gotland bekannt war. Auch der in den Sagas durch Beinamen wie Ringbrecher, Ringfürst oder Ringwerfer belegte Brauch, Gefolgschaftsleute mit Goldringen auszuzeichnen, wird schon auf einem Stein aus der Zeit um 800 sichtbar: Im obersten Fries liegt ein gefallener Häuptling unter seinem Pferd, in dem zweiten Fries wird der Tote auf dem Pferd liegend gezeigt, während seine Männer als

Abb. 65: Bildstein von Lärbro Tängelgårda, Gotland (nach S. Lindqvist).

Zeichen der Trauer ihre Schwerter mit der Spitze nach unten tragen, und im untersten Horizont reitet der Tote auf Sleipnir in Valhall ein, begleitet von seinen Gefolgsleuten, die je einen Ring in der erhobenen Hand halten.

Sicher werden die gotländischen Bildsteine durchweg eingemalt gewesen sein, weil die Darstellungen sonst auch schon für den zeitgenössischen Betrachter nur mühsam zu erkennen gewesen sind. Vereinzelt sind rote Farbspuren erhalten. Aber auch bei anderen Denkmälern wird es vielerorts Bemalungen gegeben haben. Dabei kann Farbe flächendeckend aufgetragen gewesen sein, aber auch als eigenständiges Ausdrucksmittel gedient haben oder zur Betonung andersartig dargestellter Motive eingesetzt worden sein. So sind zum Beispiel auf einer schnitzverzierten Planke von Hørning in Jüt-

Abb. 66: Bildstein von Levide, Gotland (nach S. Lindqvist).

land (Abb. 57) blaue und rote Farben erhalten, auf den Schilden im Gokstadgrab gelbe und schwarze, auf einem Sarg von Skeljastaðir auf Island grüne, auf einer Fibel aus Schonen rote und blaue und auf wenigen Runensteinen gelbe, rote und schwarze.

In Verbindung mit manchen Bildsteinen Dänemarks und vielen solchen auf der Skandinavischen Halbinsel kommen auch oft Runeninschriften vor. Sie bieten unmittelbare Originalberichte aus der Wikingerzeit, die in der Regel nachträglich nicht verfälscht werden konnten.

Die Runen entstanden als Zeugnis germanischer Schriftlichkeit um 200 n. Chr. im Alpenraum unter Verwendung lateinischer und nordetruskischer Schriftzeichen. Die ursprünglich gemeingermanische Reihe bestand aus 24 Zeichen, die nach dem Lautwert der ersten sechs Zeichen als Futhark bezeichnet wird. Aus der Zeit dieses älteren Futhark, das bis in das 8. Jahrhundert gebräuchlich war, sind nicht einmal 300 Inschriften bekannt. Diese sind überwiegend sehr kurz und formelhaft, und sie sind häufig an versteckter Stelle angebracht, wodurch ihre magische Bedeutung unterstrichen wird. Erst in der nordischen Wikingerzeit fanden Runen eine große Verbreitung. Aus diesem Abschnitt sind Tausende von Inschriften bekannt,

Abb. 67: Detail des Bildsteines von Buttle Änge I, Gotland (nach S. Lindqvist).

die oft auch fortlaufende zusammenhängende Texte beinhalten. Sie sind im jüngeren Futhark geschrieben, das aus einer verkürzten Runenreihe mit nur noch 16 Zeichen besteht (Abb. 68). Sie war einfacher zu schreiben als die ältere Reihe, und sie scheint aus den Erfordernissen von Handel, Verwaltung und Dokumentation des täglichen Lebens entstanden zu sein. Die wikingischen Runentexte sind vornehmlich auf Steindenkmälern überliefert. Sie sind also sichtbare Dokumente, die zur Bewahrung für die Nachwelt gedacht waren. Sie wurden vielfach an Brücken, Kreuzungspunkten oder in der unmittelbaren Nähe von großen Orten und frühen Kirchen errichtet, die als Versammlungsplätze eine große Leserschaft verbürgten. Die Inschriften können sowohl linksläufig als auch rechtsläufig geschrieben sein. Fast immer sind sie in Bändern angeordnet, die zuweilen in Tierköpfen enden (Abb. 63, 64). Auch christliche Kreuze, heidnische Thorshämmer und Masken sind manchmal eingebunden. Die Bänder können um eine Steinfläche herumlaufen, oft sind sie aber auch auf und ab geführt. Eine horizontale Anordnung in mehreren Zeilen ist erstmals als Neuheit auf dem großen Stein in Jelling in der zweiten Hälfte des 10. Jahrhunderts belegt.

Fast alle Runensteine sind Gedenksteine, die jedoch keinen Bezug zu einem Grab aufweisen müssen. Sie beinhalten Rechtsaufzeichnungen, Beschwörungen, Kurznachrichten, historische Fixierungen und vieles andere mehr. Sie bieten Aufschlüsse über

Abb. 68: Die Runenreihe der Wikingerzeit.

Fernfahrten, Handel, Besitz- und Erbverhältnisse, Ruhmestaten, Zauberei, politische Verhältnisse und Verwandtschaftsbeziehungen.

Runensteine wurden nicht nur im Norden errichtet, sondern sie sind als Dokumente wikingischer Präsenz auch in manchen Expansionsgebieten aufgestellt worden. So stammt zum Beispiel von Berezanj an der Dnjeprmündung ein Stein mit der Inschrift: „Gane fertigte diese Steinkiste nach Karl, seinem Gefährten.“ Alle in Nordamerika angeblich gefundenen Inschriften sind jedoch moderne Fälschungen.

Runen dienten aber darüber hinaus auch zu Mitteilungen brieflicher Art. Solche sind auf einigen kleinen Holzstäben aus Haithabu und in großer Zahl etwas später aus dem mittelalterlichen Bergen bekannt. Sie wurden wohl in erster Linie in Kaufmannskreisen eingesetzt, um die Tätigung von Geschäften zu erleichtern und bestimmte Vorgänge vorübergehend festzuhalten.

Sicher waren nicht alle Nordleute dazu in der Lage, Runen zu lesen und zu schreiben. Etwas bewundernd Magisches wird dieser Kunst, das gesprochene Wort durch Schriftzeichen dauerhaft zu machen, bestimmt hier und da angehaftet haben.

Aus den signierten Inschriften mancher Steine ist zum Teil auf den Wirkungsbereich einzelner Schreiber zu schließen. Es zeigt sich, daß sie keine größeren Strecken zurücklegten, sondern nur innerhalb eines eng begrenzten Gebietes gearbeitet haben. Das gilt zum Beispiel für einen Mann namens Öpir in Uppland.

## DIE KUNST IN IHREM UMFELD

Die Entwicklung der ornamentalen und figuralen Kunst nimmt im Norden keineswegs eine isolierte Stellung ein. Zahlreiche außernordische Einwirkungen, die an den verschiedenen Stilen beobachtet werden konnten, sind ebenfalls für die Literatur, den Handel, die Stadtentstehung, das Münzwesen und anderes mehr in unterschiedlicher Intensität bestimmend gewesen. Damit fügt sich die Kunst in einen Strom fremder Neuerungen ein – verbunden mit fortgeführten einheimischen Traditionen –, der weit über das rein Künstlerische hinaus für den Norden von umfassender Bedeutung war. Auf diesem Hintergrund müssen die sich wandelnden Ausdrucksformen von Kunst und Kunsthandwerk gesehen werden.

Seit der Zeit um 800 n. Chr. drangen karolingische und auch insulare Pflanzen- und Spiralmotive in den Norden ein (Abb. 40). Diese Motive fanden jedoch nur wenig Anklang, und sie wurden mehr und mehr zu geometrischen Ornamenten abgewandelt. Spätestens um 900 waren sie aus dem nordischen Motivschatz wieder verschwunden. Vermutlich wurden sie über Haithabu, wo Gußformen verschiedener Entwicklungsstadien geborgen worden sind, in den Norden vermittelt. Ihre Übertragung erfolgte damit auf einem Weg, der bereits vor der Wikingerzeit den Verbindungen zwischen den fränkischen und friesischen Küstengebieten und Skandinavien diente. Mit dem Vordringen der von Ebo von Reims und vor allem von Ansgar getragenen Mission im Gefolge des Fernhandels wurden diese Verbindungen stärker. Nicht nur Franken und Friesen gelangten als Kaufleute in den Norden, sondern es sind sogar mehrfach dänische Zöglinge in kontinentalen Klöstern überliefert; außerdem werden skandinavische Gesandtschaften im Frankenreich erwähnt. Es ist naheliegend, daß im Gefolge von Handel, Mission und Diplomatie auch künstlerische Elemente den Norden erreichten. Gleichzeitig wirkten weitere südliche Vorbilder auf den Norden ein: Aus kleinen Handelsniederlassungen entstanden die ersten Städte des Ostseegebietes, es wurden die ersten nordischen Münzen – vermutlich ebenfalls in Haithabu – in Anlehnung an Dorestadprägungen Karls des Großen geschlagen, und westgermanische Sagenstoffe und Namen drangen bis nach Skandinavien vor. So ist auf einem Wagen des Oseberggrabes aus der Mitte des 9. Jahrhunderts Gunnar in der Schlangengrube dargestellt. Es kann jedoch nicht mit Sicherheit gesagt werden, ob dieses Bild seine Entstehung der frühen Wikingerzeit verdankt oder ob es nicht etwa einem älteren Einflußstrom zuzurechnen ist, wie die Wielandsage, die bereits im 8. Jahrhundert auf einem gotländischen Bildstein begegnet.

Wie sehr das karolingische Reich mit der Ausbildung einer Zentralgewalt auf den politisch stark zersplitterten Norden der älteren Wikingerzeit eingewirkt hat, wird aus der norwegischen Reichseinigung unter Harald Schönhaar in der zweiten Hälfte des 9. Jahrhunderts ersichtlich. Die Schaffung dieses ersten zentralen Königtums im Norden ist ohne das Reich Karls des Großen als Vorbild kaum denkbar. Sogar Namen wie Karolus und Magnus begannen seitdem in der norwegischen Königsdynastie aufzutreten. Auch in Schweden läßt sich bereits früh an einem Beispiel die Kenntnis der Aachener Residenz wahrscheinlich machen: In der Theoderichstrophe des Runensteines von Rök in Östergötland wird der Ostgotenkönig als auf einem Pferd sitzend mit umgehängtem Schild beschrieben. Diese Vorstellung wird durch das im Jahr 801 von Karl dem Großen aus Ravenna nach Aachen überführte Reiterstandbild Theoderichs angeregt worden sein. Nordleute werden vermutlich dieses einzige Reiterstandbild nördlich der Alpen selbst in Aachen gesehen haben.

In der frühen Wikingerzeit lassen sich aus dem insularen Westen nur wenige Einflüsse nachweisen, die zudem fast ausschließlich den Bereich der Kunst betreffen. Von entscheidender Bedeutung war dabei, daß die Greiftierornamentik aus angelsächsischen Vorbildern entwickelt wurde. Vereinzelte irische Anregungen, die als entstellte 'scroll'-Ornamente an wenigen frühen Schalenspangen (Abb. 41) zu beobachten sind, wurden dagegen nicht fortgeführt. Abgesehen von einzelnen Greiftierelementen im frühwikingischen Broastil auf Gotland (Abb. 42) erhielten die Greiftiere ihre erste Ausprägung vor allem in Norwegen als Berdaltiere (Abb. 45), die für die Schmuckformen und die Holzschnitzkunst vom Beginn der Wikingerzeit bis in die zweite Hälfte des 9. Jahrhunderts vorherrschend blieben. Sie fanden als Tierfiguren wesentlich leichter Aufnahme im Norden als Pflanzen- und Spiralornamente, da Tierdarstellungen zu dieser Zeit bereits seit Jahrhunderten für das nordgermanische Kunsthandwerk charakteristisch waren. Erst am Ende des 9. Jahrhunderts entwickelten sich aus den Berdaltieren die Borretiere (Abb. 46), die als stilistisch bestimmte Motivvariante nicht wie die ersteren nur an relativ wenigen Fundplätzen Norwegens und Dänemarks vertreten sind, sondern ebenfalls in Schweden eine weite Verbreitung fanden.

Das bereits um 800 den Norden erreichende Greiftiermotiv wurde weder von Gesandtschaften und Kaufleuten noch von Missionaren vermittelt. Verbindungen solcher Art sind zwischen den Britischen Inseln und Skandinavien für diese Zeit nicht überliefert, obwohl westliche Impulse schon in der voraufgehenden Vendelzeit einen Niederschlag in Schweden gefunden haben. Die Kontakte liegen eher in den zahlreichen Wikingerüberfällen auf England und Irland begründet, die zur Mitnahme mancher nachahmenswerter Preziosen geführt haben, von denen einige in reichen norwegischen Gräbern und Horten gefunden wurden. Da durch Raubzüge aber nur in begrenztem Umfang Kulturgüter übertragen werden können, ist es nicht verwunderlich, daß im frühen 9. Jahrhundert nur geringfügige westliche Einflüsse im Norden einen Niederschlag erfahren haben. Neben der Übernahme des Greiftiermotives ist auf ein skaldisches Versmaß sowie auf den Typus des genealogischen Gedichtes hinzuweisen, die auf irische Vorbilder zurückgeführt werden.

Stärkere Einwirkungen von den Britischen Inseln werden erst seit kurz vor der Mitte des 10. Jahrhunderts bemerkbar. Durch neue Impulse aus dem insularen Westen wurden die Greiftiere von den bandförmigen Jellingtieren (Abb. 47, 48) noch vor der Mitte des 10. Jahrhunderts verdrängt; nur in Schweden sind die Greiftiere noch etwas länger nachzuweisen. Der Jellingstil, dessen Elemente zuvor auf Steindenkmälern in Ost- und Nordengland begegnen, erreichte seinen Höhepunkt kurz nach 950. Er wurde abgelöst durch den Mammenstil (Abb. 49), der durch aufrecht stehende Vierfüßler charakterisiert wird. Auch die Wurzeln dieses Stils sind in der angelsächsischen Kunst zu sehen. Unter Benutzung einheimischer nordischer Stilelemente fand er eine weite Verbreitung auf Metallschmuck und vor allem auch auf Runensteinen. Mehrfach tritt der Mammenstil gemeinsam mit pflanzlichen Ranken auf (Abb. 52), die, ohne an frühere Verwendungen pflanzlicher Motive anzuschließen, ebenfalls von den Britischen Inseln in der zweiten Hälfte des 10. Jahrhunderts in den Norden vordrangen. Seitdem blieben Pflanzenmotive, wenn auch stets nur von untergeordneter Bedeutung, ein fester Bestandteil der wikingischen Kunst. Im 11. Jahrhundert wurden die Mammentiere allmählich zu grazilen Figuren – den Urnestieren (Abb. 51, 56) – abgewandelt. Diese fanden in geringfügigen Varianten gemeinsam mit schmalen Ranken als Verzierung von Metallschmuck, Runensteinen und Holzschnitzereien im gesamten Norden einschließlich Islands Verwendung.

Die Voraussetzungen für kulturelle Übernahmen aus dem Westen während der mittleren und jüngeren Wikingerzeit waren sicher in erster Linie durch die Niederlassungen und Herrschaftsbildungen von Norwegern und Dänen in England, Schottland und Irland gegeben.

Entlehnungen auf sprachlichem Gebiet sind ohne Schwierigkeiten zu erklären, da das Nebeneinander des Altenglischen und des Altnordischen im Danelag geradezu dazu geführt haben muß. Die nahe Verwandtschaft beider Sprachen mag diesen Vorgang erleichtert haben. Darüber hinaus ist darauf hingewiesen worden, daß die horizontale Anordnung der Runeninschrift auf dem großen Stein von Jelling vermutlich auf angelsächsische Vorlagen zurückzuführen ist. Es wird sogar für wahrscheinlich gehalten, daß Sagenstoffe wie die Helgilieder und die Lieder von Sigurds Jugend in den von Nordleuten besiedelten Teilen der Britischen Inseln ihre heute noch bewahrte Form erhalten haben und um die Jahrtausendwende im Rahmen eines Kulturrückstromes in abgewandelter Ausprägung in den Norden gelangt sind. Weiterhin sei die Tatsache genannt, daß Island von einem Strom spätkeltischer Namen – allein in der ›Landnámabók‹ werden 49 keltische Namen genannt – erreicht wurde; angenommen wird auch, daß der von Egil Skallagrimsson auf Island benutzte Endreim durch irische Anregungen zu erklären ist.

Etwa gleichzeitig mit den westlichen Einflüssen ist eine verstärkte, aus dem Süden kommende Missionstätigkeit im Norden zu verzeichnen. Im Jahre 934 erweiterte Heinrich II. seinen Machtbereich bis nach Haithabu, und im Jahre 948 wurden Bischöfe für Schleswig, Ribe und Aarhus geweiht. Die dadurch bezeugten engen Verbindungen zwischen dem Kontinent und dem Norden haben auch einen deutlichen Niederschlag im archäologischen Fundgut und auf Bilddenkmälern gefunden. In Zusammenhang mit dem Kunsthandwerk ist dabei in erster Linie die Übernahme der neuen Filigran- und Granulationstechnik auf metallenem Kleinschmuck zu nennen. Ob die anfänglich begrenzte Ausübung dieser Technik im dänischen Raum ausschließlich auf dem Hintergrund der in Schleswig, Ribe und Aarhus konzentrierten Missionstätigkeit zu sehen ist, kann den Quellen nicht entnommen werden. Dagegen ist das erstmalige Auftreten eines Christusbildes auf dem großen Runenstein von Jelling (Abb. 28) ebenso wie die sich an die karolingische Minuskel anlehnende Frühform der lateinischen Schrift in Dänemark und Schweden im Mittelalter nur durch das erfolgreich vordringende Christentum zu erklären. Die Übernahme von Sagenstoffen – belegt zum Beispiel durch das bereits im ausgehenden 10. und im 11. Jahrhundert auf steinernen und hölzernen Bilddenkmälern mehrfach nachgewiesene Motiv der Drachentötung aus der Sigurdsage (Abb. 58) – wird jedoch kaum mit der sich ausbreitenden christlichen Lehre in Verbindung zu bringen sein.

Konnten für den insularen Westen und für den Kontinent enge Verbindungen mit dem Norden aufgezeigt werden, die zu vielfältigen, zum Teil voneinander unabhängigen Veränderungen in der wikingischen Welt führten, so ist das dagegen für den Osten nicht möglich. Obwohl es in Osteuropa wikingische Niederlassungen gegeben hat und obgleich ein reger Handel die osteuropäischen Ströme entlang betrieben wurde, haben diese Unternehmungen keine nachhaltige Wirkung in der Kultur des Nordens während der Wikingerzeit gehabt. Zwar sind zahlreiche Schmuckstücke, Gebrauchsgegenstände und vor allem Münzen östlicher Herkunft in wikingischen Funden geborgen worden, doch haben diese offenbar keinerlei bleibende kulturelle Anregungen auf die Nordleute ausgeübt.

Als Ursachen für die oben genannten Neuerungen kommen im wesentlichen drei Möglichkeiten in Frage: die Wikingerfahrten, die zuweilen zu Herrschaftsbildungen in fremden Ländern führten, der weite Gebiete umfassende Fernhandel und in dessen Gefolge die Mission. Dabei hatte nicht jeder dieser Faktoren einen eigenen Einflußbereich; sie überschnitten sich vielmehr. Es bleibt jedoch zu berücksichtigen, daß bereits vor der Wikingerzeit einzelne, verschiedenartige Einflüsse (wie die genannte Wielandsage, bestimmte Handelsgüter und stilistische Elemente in der Metallkunst der Vendelzeit) den Norden erreicht haben, eine eigentliche breite Öffnung dieses Raumes aber erst seit der Zeit um 800 stattfand.

Die weite Teile Europas berührenden Wikingerfahrten haben die Nordleute mit sehr verschiedenen Kulturgebieten in Kontakt gebracht. Aber erst als die Raubzüge zu Herrschaftsbildungen führten, werden dauerhaftere Kontakte zustande gekommen sein. So sind zahlreiche nordisch-englische Lehnbeziehungen in Sprache und Literatur erst durch die Niederlassungen von Dänen und Norwegern im Danelag zu erklären. Welchen Einfluß darüber hinaus die auf den Raubzügen gewonnenen Sklaven und Gefangenen ausgeübt haben, ist nicht zu bestimmen, doch darf auch deren Vermittlerrolle gewiß nicht zu gering veranschlagt werden.

Neben den Raubzügen und Herrschaftsbildungen kam dem Fernhandel eine besondere Rolle zu. Die durch den Handel in den Norden gelangten Anregungen haben vor allem auf wirtschaftlichem Gebiet einen Niederschlag gefunden. Aber auch für die Übertragung künstlerischer Momente kann der Fernhandel durchaus von Bedeutung gewesen sein. Wie die – allerdings wohl nur als eine Art Beifracht – importierten Beschläge mit Pflanzenornamenten in Birka zeigen, kommen sie dort nur in Gräbern vor, die am ehesten der Kaufmannsschicht angehören werden, und, wie die Befunde von Haithabu erweisen, wurden solche Motive an diesem Handelsplatz der nordischen Nachfrage angepaßt.

Als dritter Träger fremder Einflüsse muß das vordringende Christentum Erwähnung finden, ohne daß dabei jedoch über die oben gemachten Bemerkungen hinaus die Ablösung der heidnischen durch die christliche Glaubenswelt behandelt werden kann. Für die umfassenden religiösen Veränderungen, die im Norden in der Wikingerzeit vor sich gingen, bedarf es vorerst noch einer alle in Frage kommenden Quellengattungen berücksichtigenden 'Bekehrungsgeschichte'. Welche Bedeutung im Rahmen der Mission den eventuell reich ausgemalten 'heiligen Büchern', dem liturgischen Gerät und den von den Missionaren zur Erleichterung der Kontaktaufnahme offenbar stets mitgeführten Geschenken als Anregungsmöglichkeiten für die Übertragung von Verzierungselementen beizumessen ist, kann zur Zeit jedoch nicht übersehen werden.

In den wenigsten Fällen kann mit Sicherheit bestimmt werden, welche Erscheinung auf welchem Wege und zu welchem Zeitpunkt den Norden erreichte. Bei einer gründlichen Aufarbeitung aller zur Verfügung stehenden Quellenarten könnte aber das hier angedeutete Bild gewiß sehr verdichtet werden. Falls auf philologischem Wege eine genauere Datierung und Lokalisierung der Übernahme von Lautform, Dichtungsform, Liedinhalt und Sagenstoff erreicht werden könnte, wäre auch eine eventuelle Parallelisierung verschiedener Einflußbereiche möglich. Schwierigkeiten bereitet dabei aber vor allem die Tatsache, daß die schriftliche Überlieferung – abgesehen von Runeninschriften – im Norden erst sehr spät einsetzte und daß eine mündliche Tradierung kaum zu rekonstruieren oder gar in ihrem ersten Erscheinen genau zu datieren ist. Die Schwierigkeiten, die bei einem Vergleich archäologisch beobachteter Veränderungen mit solchen in der altnordischen Literatur begegnen, werden besonders dadurch deutlich, daß die vielfachen Gemeinsamkeiten der Dichtersprache in England und auf dem Kontinent die Entscheidung, woher eine Entlehnung stammt, zuweilen fast unmöglich machen; auch mag manches durch gemeinsame Wurzeln zu erklären sein.

Läge von seiten der Historiker eine vollständige Bearbeitung der soziologischen Verhältnisse der Wikingerzeit vor, so wäre auch einer Lösung des Problems näherzukommen, welche Bevölkerungsgruppen die Anregungen zuerst übernahmen und wie diese weitergetragen wurden. Bei dem heutigen Forschungsstand können jedoch auch für diese Fragen nur einzelne Hinweise gegeben werden.

An königlichen und fürstlichen Hofhaltungen scheinen die günstigsten Voraussetzungen für die Aufnahme fremder Einflüsse bestanden zu haben. Hier fand im Norden erstmals das flache Relief auf einem Runenstein Anwendung (Jelling) (Abb. 28, 62), hier wurde die Runeninschrift horizontal angebracht (Jelling), hier erlebte die Greiftierornamentik schon bald nach ihrem Eindringen durch hervorragende Hofkünstler die höchste Blüte (Oseberg) (Abb. 54), und ebenfalls hier wurde die vornehmste Dichtungsform, die Skaldik, gepflegt, denn der Skalde war in der Regel an den König und dessen Gefolgschaft gebunden.

Über die Handelsplätze wurden dem Norden dagegen Kulturgüter anderer Art vermittelt. Auf künstlerischem Gebiet sind in erster Linie Pflanzen- und Spiralornamentik sowie die Filigrantechnik zu nennen. Aber auch Sagas und Sagen werden hier wie an jedem anderen Ort, wo sich Menschen verschiedener Herkunft für einige Zeit trafen, erzählt worden sein, und so können sie schnell ihren Weg in den gesamten Norden gefunden haben.

Die unterschiedliche Wirkung, die vom fürstlichen Hof bzw. vom Handelsplatz ausging, kommt besonders deutlich in der Verbreitung der betreffenden Anregungen zum Ausdruck. Weder das flache Relief noch die horizontale Runenschrift, die meisterhafte Holzschnitzkunst, die Skaldik oder die prachtvollen Schmuckstücke des Berdalstils – falls diese zur höfischen Kunst gezählt werden können – wurden im Norden zum Allgemeingut. Dagegen fanden Spiralornament, in geringem Umfang auch Pflanzenornament, Filigrantechnik und Sagenstoffe eine weite Verbreitung. Am Greiftierstil kann beobachtet werden, wie dessen frühe Phase (Berdalstil [Abb. 45] und Holzschnitzkunst von Oseberg [Abb. 54, 55]) zwar an fürstliche Hofhaltungen gebunden zu sein scheint, daß er jedoch in seiner späten Phase (Borrestil [Abb. 46]) mit Hilfe der seit der Mitte des 9. Jahrhunderts einsetzenden Serienherstellung von

Schmuckstücken weit verbreitet wurde. Dabei übernahm in erster Linie die 'städtische' Massenproduktion, wie sie zum Beispiel für Haithabu nachweisbar ist, die weitere Vermittlung einer 'höfischen' Kunstgattung. Es ist somit wahrscheinlich, daß höfische Besonderheiten in einem späten Stadium ihrer Entwicklung als 'gesunkenes Kulturgut' in manchen Fällen großen Kreisen der Bevölkerung zugänglich wurden. Im Gegensatz dazu bleibt die Frage offen, weshalb die über einen Handelsplatz vermittelten Pflanzen- und Spiralornamente nicht in der höfischen Kunst zur Anwendung kamen. Als das Schiffsgrab von Oseberg (Abb. 22) in der Mitte des 9. Jahrhunderts angelegt wurde, waren diese Ornamente bereits so weit in den Norden vorgedrungen, daß sie auch dort einen Niederschlag hätten finden können. Sie fehlen ebenso in wikingerzeitlichen 'Häuptlingsgräbern' von Tuna, Valsgärde und Vendel im schwedischen Uppland. Inwieweit diese Beobachtungen den tatsächlichen Verhältnissen in der Wikingerzeit entsprechen, ist kaum zu beantworten. Es mag durchaus sein, daß qualitätvolle Werke der Holzschnitzkunst auch etwa bei Bauern und Kaufleuten vorhanden waren; ungünstige Erhaltungsbedingungen können dazu geführt haben, daß sie heute nicht mehr bewahrt sind. Ebenso mögen Pflanzenmotive und Spiralen höfische Gegenstände verziert haben, die entweder vergangen sind oder bis heute nicht aufgefunden wurden.

So bleibt also die Vorstellung von der wikingischen Kunst hier und da noch lückenhaft. Manche der damit verbundenen Fragen können zur Zeit nur unvollständig erklärt oder gar beantwortet werden. Es steht jedoch fest, daß die in der Kunst beobachteten Veränderungen sich einem großen Rahmen gleichzeitiger religiöser, kultureller, politischer und wirtschaftlicher Strömungen einfügen.

# AUSBLICK

Das vornehmlich in der zeitgenössischen Fremdüberlieferung gezeichnete Bild der Wikinger hat eine starke Resonanz in Film und Musik bis in die jüngste Neuzeit gehabt. Vor allem aber in der Romantik und in der Zeit der großen Opern sind sie zu germanischen Kämpen mit wallendem Blondhaar und Hörnerhelm 'idealisiert' worden. Sie waren aber keineswegs nur Helden oder blutrünstige Totschläger und Beutemacher. In erster Linie waren sie friedliche Bauern – auch in den neuen Kolonien – sowie Kaufleute und Begründer zeitweiliger Herrschaften. Erst an zweiter Stelle folgen Plünderung, Raub und Mord. Diese verwerflichen Aktivitäten sind aber in den christlich betonten Quellen als besonders verabscheuungswürdig übertrieben dargestellt worden. Das Bild wird durch die unbestechlichen archäologischen Quellen korrigiert.

Das weite, stoßartige Ausgreifen wikingischer Gruppen war nur möglich durch eine hohe Schiffsbaukunst mit langer einheimischer Tradition. Gewiß wurde es gefördert durch Abenteuerlust und Unternehmungsgeist, die das europäische Mittelalter in diesem Maße sonst nicht kennzeichnen.

In den Bodenfunden wird dieser Zeitabschnitt besonders deutlich durch charakteristische Schmuckformen, typische Waffenarten, Bestattungen in Booten, Tierstile und durch geschützte küstennahe Großsiedlungen als Basen des Fernhandels.

Der Norden war das letzte Rückzugsgebiet germanischer Traditionen des Kontinents; sie haben sich dort bis in das 11. Jahrhundert gehalten. Besonders eindrucksvoll veranschaulicht wird das in den Tierstilen, die ungestört fortentwickelt wurden. Sichtbar wird das aber auch bei Sagenstoffen, die ohne christlichen Einfluß konserviert werden konnten. Erst mit dem Ende der Wikingerzeit war auch ein Ende des germanischen Mittelalters gegeben.

Der Norden war in dieser Zeit keineswegs nur der nehmende Partner im mittelalterlichen Weltgeschehen. Zwar mag es scheinen, als ob die Schweden in Osteuropa, die Dänen auf dem Kontinent und in England und die Norweger im Norden und Westen der Britischen Inseln in besonderem Maße Schrecken verbreitet haben, doch ist ein solches Bild nicht ganz zutreffend. Sie hatten auch eine nachhaltige Wirkung auf die weitere Geschichte Europas, auch wenn diese zum Teil nur sekundärer Art war. So erfolgte von der Normandie aus zum einen die Eroberung Englands und zum anderen die Errichtung eines modernen Verwaltungsstaates in Süditalien. Als Reaktion auf ihre zahlreichen Überfälle bewirkten die Nordleute unbeabsichtigt die Sammlung und damit die Stärkung der einheimischen Kräfte auf Irland, im Süden der britischen Hauptinsel und auf dem Kontinent, das heißt, die zerstörenden Nordleute förderten damit geradezu manche außernordische Staatenbildung im europäischen Mittelalter. Darüber hinaus waren sie von Bedeutung als diejenigen, die Osteuropa verstärkt in ein europäisches Fernhandelsnetz einbezogen.

Sie entdeckten und erschlossen (Abb. 37) die Färöer, Island und Grönland. Auf Island schufen sie am Rande der Alten Welt aus eigener Kraft die einzige demokratische Gemeinschaft in Europa um die Jahrtausendwende. Sie fanden den kürzesten Seeweg zu dem bis dahin unbekannten Amerika, und sie prägten mit mehr oder weniger Nachhalt einen Teil der nordbritischen Inselwelt sowie den baltischen und finnischen Küstenstreifen. In politischer Hinsicht ist schließlich die Bildung der drei noch heute bestehenden Königreiche Norwegen, Schweden und Dänemark zu nennen.

In den knapp drei Jahrhunderten der Wikingerzeit entstanden die vielfältigen Kontakte auf verschiedenen Ebenen zwischen dem Norden, dem insularen Westen und dem Kontinent, die seitdem nahezu ungebrochen beibehalten worden sind. Sie führten zur Einbeziehung des Nordens über die Nord- und Ostsee hinweg in die kontinentale Welt des Mittelalters. Nordeuropa wurde damit einschließlich der von dort aus entdeckten und besiedelten Inselwelt des Nordatlantiks zu einem festen Bestandteil des christlichen Abendlandes.

# BIBLIOGRAPHIE

Da in den meisten nachfolgend genannten Publikationen verschiedene Themen behandelt werden, ist auf eine differenzierte Gliederung verzichtet worden, um Mehrfachnennungen zu vermeiden. Gesondert aufgeführt wurden nur überwiegend kulturgeschichtliche Arbeiten und solche, die vornehmlich einen kunstgeschichtlichen Inhalt haben. Dennoch empfiehlt es sich im Bedarfsfalle, jeweils auch in der anderen Rubrik nach weiterführender Orientierung zu suchen, da selbst innerhalb dieser beiden großen Gruppen eine konsequente Trennung nicht immer möglich ist. Vorangestellt wurden ausschließlich einige Sammlungen und Ausgaben zeitgenössischer schriftlicher Quellen sowie einige übersichtliche Gesamtdarstellungen.

## *Zeitgenössische Quellen*

Trillmich, W.: Quellen des 9. und 11. Jahrhunderts zur Geschichte der Hamburgischen Kirche und des Reiches. Ausgewählte Quellen zur deutschen Geschichte des Mittelalters – Freiherr-vom-Stein-Gedächtnisausgabe, Band XI (1961) = Vita Anskarii und Adam von Bremen.

Birkeland, H.: Nordens historie i Middelalderen etter arabiske kilder (1954).

Jacob, G.: Arabische Berichte von Gesandten an germanischen Fürstenhöfen aus dem 9. und 10. Jahrhundert (1927).

Cross, S.: The Russian Primary Chronicle (1930).

Sweet, H.: King Alfred's Orosius (1883).

Sammlung Thule: Altnordische Dichtung und Prosa. Hrsg. von G. Nekkel und F. Niedner, I–XXIV (1963–$^{2}$1967).

## *Gesamtdarstellungen*

Almgren, B., u. a.: Die Wikinger (1967).

Arbman, H.: Svear i österviking (1955).

Brøndsted, J.: Die große Zeit der Wikinger (1960).

Foot, P., u. D. M. Wilson: The Viking Achievement (1970).

Graham-Campbell, J.: Viking Artefacts (1980).

Herrmann, J.: Wikinger und Slawen. Zur Frühgeschichte der Ostseevölker (1982).

Randsborg, K.: The Viking Age in Denmark (1980).

Roesdahl, E.: Viking Age Denmark (1982).
Sawyer, P. H.: The Age of the Vikings (1962).
–: Kungar och vikingar. Norden och Europa 700–1100 (1985).

*Kulturgeschichte*

Albrectsen, E.: Vikingerne i Franken (1981).
Almgren, B.: Vikingatåg och vikingaskepp. Tor 8, 1962.
–: Vikingatågens höjdpunkt och slut. Tor 9, 1963.
Ambrosiani, B.: Fornlämningar och bebyggelse (1964).
Aner, E.: Das Kammergräberfeld von Haithabu. Offa 10, 1952.
–: Die wikingerzeitlichen Kammergräber am Thorsberger Moor. Offa 10, 1952.
Arbman, H.: Birka – Sveriges äldsta handelsstad (1939).
–: Birka 1. Die Gräber (1940, 1943).
Arne, T. J.: Skandinavische Holzkammergräber aus der Wikingerzeit aus der Ukraine. Acta Archaeologica 2, 1931.
Arrhenius, B.: Vikingatida miniatyrer. Tor 7, 1961.
–: Die ältesten Funde von Birka. Prähistorische Zeitschrift 51, 1976.
Arwidsson, G.: Valsgärde 7 (1977).
Arwidsson, G. (Hrsg.): Birka II: 1. Systematische Analyse der Grabfunde (1984).
Bakka, E.: Ytre Moa. Viking 29, 1965.
–: Scandinavian trade relations with the continent and the British Isles in pre-viking times. Early Medieval Studies 3, 1971.
Bantelmann, A.: Die frühgeschichtliche Marschensiedlung bei Elisenhof in Eiderstedt (1975).
Becker, C. J., u. a.: Viking Age Settlements in western and central Jutland – recent Excavations. Acta Archaeologica 50, 1979.
Bencard, M.: Wikingerzeitliches Handwerk in Ribe. Acta Archaeologica 49, 1979.
Bersu, G., u. D. M. Wilson: Three Viking Graves in the Isle of Man (1966).
Blindheim, C.: Vernesfunnene og kvinnedrakten i Norden i vikingetiden. Viking 9, 1945.
Blindheim, C., u. R. L. Tollnes: Kaupang – Vikingenes handelsplass (1972).
Blomqvist, R., u. A. W. Mårtensson: Thulegrävningen 1961 (1963).
Bøe, J.: Norse Antiquities in Ireland (1940).
Brøgger, A. W.: Borrefundet og Vestfoldkongernes graver. Videnskapsselskapets Skrifter II, Hist. Filos. Kl. 1, 1916.
–: Oseberggraven – Haugbrottet. Viking 9, 1945.
Brøgger, A. W., u. H. Shetelig: Vikingeskipene (1950).
Callmer, J.: Trade Beads and Bead Trade in Scandinavia ca. 800–1000 A.D. (1977).

–: Production Site and Market Area. Meddelanden från Lunds universitets historiska museum 1981–1982.
Capelle, T.: Das fränkische Reich und der wikingische Norden. In: Katalog Sveagold und Wikingerschmuck (1968).
–: Kleeblattfibeln und Zierketten. Fornvännen 63, 1968.
–: Grabraub im wikingischen Norden. In: Zum Grabfrevel in vor- und frühgeschichtlicher Zeit, hrsg. von H. Jankuhn u. a. (1978).
–: Bemerkungen zum isländischen Handwerk in der Wikingerzeit und im Mittelalter. Frühmittelalterliche Studien 14, 1980.
–: Containerumschlag vor 1000 Jahren. Deutsches Schiffahrtsarchiv 7, 1984.
Crumlin-Pedersen, O., u. a.: Pugna forensis – ? (1984).
Dahl, S.: Recent Excavations on Viking Age Sites in the Faroes. In: VI. Viking Congress (1971).
Davidson, H. R. E.: Scandinavian Mythology (1969).
–: The Viking Road to Byzantium (1976).
Drescher, H., u. K. Hauck: Götterthrone des heidnischen Nordens. Frühmittelalterliche Studien 16, 1982.
Dyggve, E.: Mindesmærkene i Jelling (1964).
Eketorp: Fortification and Settlement on Öland/Sweden 1, 1976 ff.
Eldjárn, K.: Kuml og Haugfé (1956).
Ellmers, D.: Zum Trinkgeschirr der Wikingerzeit. Offa 21/22, 1964–65.
–: Fränkisches Königszeremoniell auch in Walhall. Beiträge zur Schleswiger Stadtgeschichte 25, 1980.
–: Frühmittelalterliche Handelsschiffahrt in Mittel- und Nordeuropa ($^2$1984).
Es, W. A. v., u. W. J. H. Verwers: Excavations at Dorestad 1. The Harbour: Hoogstraat I (1980).
Geijer, A.: Birka 3. Die Textilfunde (1938).
Gräslund, A.-S.: Charonsmynt i vikingatida gravar? Tor 11, 1965–66.
–: Barn i Birka. Tor 15, 1972–73.
–: Birka IV. The Burial Customs (1980).
Graham-Campbell, J.: The Scandinavian Viking-Age Burials of England. BAR British Series 82, 1980.
Grekov, B. D., u. M. L. Artamanov: Geschichte der Kultur der alten Rus 1 u. 2 (1959).
Grieg, S.: Vikingetidens skattefund. Universitets Oldsakssamling Skrifter Oslo II, 1929.
–: Viking Antiquities in Scotland (1940).
Hägg, J.: Kvinnodräkten i Birka (1974).
Hagberg, U. E.: Köpingsvik – Handel und Handwerk auf Öland in der späten Wikingerzeit und dem frühen Mittelalter. Early Medieval Studies 8, 1975.
Hall, R. A. (Hrsg.): Viking Age York and the North (1978).
Hall, R.: The Excavations at York – The Viking Dig (1984).

Hamilton, J. R. C.: Excavations at Jarlshof, Shetland (1956).
Hårdh, B.: Wikingerzeitliche Depotfunde aus Südschweden (1976).
Harthausen, H.: Die Normanneneinfälle im Elb- und Wesermündungsgebiet mit besonderer Berücksichtigung der Schlacht von 880 (1966).
Hatz, G.: Handel und Verkehr zwischen dem Deutschen Reich und Schweden in der späten Wikingerzeit. Die deutschen Münzen des 10. und 11. Jahrhunderts in Schweden (1974).
Hermannsson, H.: The Vinland Sagas (1944).
Holmqvist, W. (Hrsg.), u. a.: Excavations at Helgö I., 1961 ff.
Holmqvist, W.: Was there a Christian Mission to Sweden before Ansgar? Early Medieval Studies 8, 1975.
Holmqvist, W., u. K.-E. Granath: Swedish Vikings on Helgö and Birka (1979).
Hübener, W.: Die Keramik von Haithabu (1959).
Ilisch, P.: German Viking-Age Coinage and the North. BAR International Series 122, 1981.
Ingstad, H.: Die erste Entdeckung Amerikas (1966).
Ingstad, A. S.: The Discovery of a Norse Settlement in America (1977).
Jacobson, L.: Kong Haralds og Kong Gorms Jelling-Monumenter. Scandia 4, 1931.
Jäger, H., u. a.: Dnjepr, in: J. Hoops, Reallexikon der germanischen Altertumskunde 5, ²1984.
Jänichen, H.: Die Wikinger im Weichsel- und Odergebiet (1938).
Jäschke, K. U.: Die Anglonormannen (1981).
Jankuhn, H.: Sechs Karten zum Handel des 10. Jahrhunderts im westlichen Ostseebecken. Archaeologia Geographica 1, 1950.
–: Das Missionsfeld Ansgars. Frühmittelalterliche Studien 1, 1967.
–: Haithabu. Ein Handelsplatz der Wikingerzeit (⁶1976).
–: Beobachtungen und Überlegungen zur „Infrastruktur“ des wikingerzeitlichen Seehandels. Offa 37, 1980.
Jankuhn, H., K. Schietzel u. H. Reichstein (Hrsg.): Archäologische und naturwissenschaftliche Untersuchungen an ländlichen und frühstädtischen Siedlungen im deutschen Küstengebiet vom 5. Jahrhundert v. Chr. bis zum 11. Jahrhundert n. Chr. Band 2: Handelsplätze des frühen und hohen Mittelalters (1984).
Kivikoski, E.: Studien zu Birkas Handel im östlichen Ostseegebiet. Acta Archaeologica 8, 1937.
–: Kvarnbacken. Ein Gräberfeld der jüngeren Eisenzeit auf Åland (1963).
Krogh, K. J.: Viking Greenland (1967).
–: The royal Viking-Age Monuments at Jelling in the light of recent archaeological excavations. Acta Archaeologica 53, 1982.
Kuhn, H.: Das alte Island (1971).
La Baume, P.: Die Wikingerzeit auf den nordfriesischen Inseln. Jahrbuch des Nordfriesischen Vereins für Heimatkunde und Heimatliebe 29, 1952–53.

Lange, W.: Flokis Raben. In: Studien zur europäischen Vor- und Frühgeschichte (1968) = Festschrift für H. Jankuhn.
Lundström, P.: De kommo vida ... Vikingars hamn vid Paviken på Gotland (1981).
Malmer, B.: Nordiska mynt före år 1000 (1966).
Marstrander, S.: Et nytt vikingetidsfunn fra Romsdal med vesteuropeiske importsaker. Viking 1962.
Müller-Wille, M.: Bestattung im Boot. Studien zu einer nordeuropäischen Grabsitte. Offa 25/26, 1968–69.
–: Zur mittelalterlichen Besiedlungs- und Wirtschaftsgeschichte Grönlands. Jahrbuch des Römisch-Germanischen Zentralmuseums Mainz 19, 1972.
–: Das wikingerzeitliche Gräberfeld von Thumby-Bienebek (1976).
–: Der frühmittelalterliche Schmied im Spiegel skandinavischer Grabfunde. Frühmittelalterliche Studien 11, 1977.
–: Opferplätze der Wikingerzeit. Frühmittelalterliche Studien 18, 1984.
Nerman, B.: Die Verbindungen zwischen Skandinavien und dem Ostbaltikum in der jüngeren Eisenzeit (1929).
–: Grobin-Seeburg (1958).
Nicolaysen, N.: Langskipet fra Gokstad ved Sandefjord (1882).
Nørlund, P.: Wikingersiedlungen in Grönland (1937).
–: Trelleborg (1948).
Ohlsson, T.: The Löddeköpinge Investigations I. The Settlement at Vikhögsvägen. Meddelanden från Lunds universitets historiska museum 1975–76.
–: The Löddeköpinge Investigations II. The Northern Part of the Village Area. Meddelander från Lunds universitets historiska museum 1979–80.
Olsen, O.: Hørg, hov og kirke (1966).
Olsen, O., u. H. Schmidt: Fyrkat. En jysk vikingeborg. I. Borgen og bebyggelsen (1977).
Olsen, O., u. O. Crumlin-Pedersen: Fünf Wikingerschiffe aus Roskilde Fjord (1978).
Petersen, J.: De norske vikingesverd (1919).
–: British Antiquities of the Viking Period Found in Norway (1940).
–: Vikingetidens redskaper (1951).
Ramskou, T.: Viking Age Cremation Graves in Denmark. Acta Archaeologica 21, 1950.
–: Lindholm Høje. Gravpladsen (1976).
Raudonikas, W. J.: Die Normannen der Wikingerzeit und das Ladogagebiet (1930).
–: Staraja Ladoga. Sovjetskaja archeologija 11, 1949.
Roesdahl, E.: Fyrkat. En jysk vikingeborg. II. Oldsagerne og gravpladsen (1977).
Ruprecht, A.: Die ausgehende Wikingerzeit im Lichte der Runeninschriften (1958).

Rybakov, N. A.: Remeslo drevney Rusi (1948).
Schaefer, U.: Anthropologische Untersuchungen an Skeletten von Haithabu (1963).
Schietzel, K. (Hrsg.): Berichte über die Ausgrabungen in Haithabu 1, 1969 ff.
Schnall, U.: Navigation der Wikinger (1975).
Selling, D.: Wikingerzeitliche und frühmittelalterliche Keramik in Schweden (1955).
Serning, I.: Övre Norrlands järnålder (1960).
Shetelig, H.: The Viking History of Western Europe (1940).
–: The Viking Graves in Great Britain and Ireland (1940).
Sjøvold, T.: The iron age settlement of arctic Norway II (1974).
Skaare, K.: Coins and Coinage in Viking-Age Norway (1976).
Skjølsvold, A.: Klebersteinsindustrien i vikingetiden (1961).
Skovmand, R.: De danske Skattefund fra Vikingetiden. Aarbøger for nordisk oldkyndighed og historie 1942.
Stenberger, M. (Hrsg.): Forntida gårdar i Island (1943).
Stenberger, M.: Die Schatzfunde Gotlands der Wikingerzeit 1 u. 2 (1947, 1958).
–: Das Gräberfeld bei Ihre im Kirchspiel Hellvi auf Gotland. Der wikingerzeitliche Abschnitt. Acta Archaeologica 32, 1961.
Steuer, H.: Historische Phasen der Bewaffnung nach Aussagen der archäologischen Quellen Mittel- und Nordeuropas im ersten Jahrtausend n. Chr. Frühmittelalterliche Studien 4, 1970.
–: Geldgeschäfte und Hoheitsrechte im Vergleich zwischen Ostseeländern und islamischer Welt. Zeitschrift für Archäologie 12, 1978.
Stolpe, H., u. T. J. Arne: Graffältet vid Vendel (1912).
Strömberg, M.: Untersuchungen zur jüngeren Eisenzeit in Schonen 1 u. 2 (1961).
–: Handelsstråk och vikingabygd i sydöstra Skåne. Ale 1963.
Vogel, W.: Die Normannen und das fränkische Reich bis zur Gründung der Normandie (1906).
Vries, J. de: Altgermanische Religionsgeschichte I–II (1956–57).
Wilson, D. M.: Archaeological evidence for the Viking settlements and raids in England. Frühmittelalterliche Studien 2, 1968.
Wilson, D. M., u. M. L. Caygill (Hrsg.): Economic Aspects of the Viking Age (1981).
Zák, J.: „Importy" skandynawskie na ziemiach zachodnioslowiańskich od IX do XI wieku (1963/64).
Zettel, H.: Das Bild der Normannen und der Normanneneinfälle in westfränkischen, ostfränkischen und angelsächsischen Quellen des 8. bis 11. Jahrhunderts (1977).

*Kunstgeschichte*

Ahrens, C.: Frühe Holzkirchen im nördlichen Europa (1982).
Almgren, B.: Bronsnycklar och djurornamentik vid övergången från vendeltid till vikingatid (1955).
Arbman, H.: Schweden und das karolingische Reich (1937).
–: Skandinavisches Handwerk in Russland zu Wikingerzeit. Meddelanden från Lunds universitets historiska museum 1959.
Arne, T. J.: La Suède et l'Orient (1914).
Arwidsson, G.: Vendelstile. Email und Glas im 7.–8. Jahrhundert (1942).
Bakka, E.: Some Decorated Anglo-Saxon and Irish Metalwork Found in Norwegian Viking Graves. In: The Fourth Viking Congress (1965).
Beck, H.: Einige vendelzeitliche Bilddenkmäler und die literarische Überlieferung. Bayerische Akad. d. Wiss., phil.-hist. Kl., Sitzungsberichte 1964, Heft 6.
Blindheim, C.: Dragt og smykker, Viking 11, 1947.
Brøndsted, J.: Early English Ornament (1924).
Capelle, T.: Der Metallschmuck von Haithabu. Studien zur wikingischen Metallkunst (1968).
–: Sagenstoffe kontinentalen Ursprungs auf vendelzeitlichen, wikingischen und spätwikingischen Denkmälern. Mare Balticum 1969.
–: Die umgearbeiteten importierten Riemenbeschläge der Wikingerzeit. Fornvännen 69, 1974.
–: Zur Verbreitung wikingischer Gußformen. Frühmittelalterliche Studien 13, 1979.
Capelle, T., u. H. Vierck: Modeln der Merowinger- und Wikingerzeit. Frühmittelalterliche Studien 5, 1971.
Carlsson, A.: Djurhuvudformiga spännen och gotländsk vikingatid (1983).
Christiansson, H.: Jellingestenens bildvärld. Kuml 1953.
–: Sydskandinavisk stil (1959).
Düwel, K.: Runenkunde ($^2$1983).
Eldjárn, K.: Carved Panels from Flatatunga, Iceland. Acta Archaeologica 24, 1953.
Forssander, J. E.: Irland–Oseberg. Meddelanden från Lunds universitets historiska museum 1943.
Haseloff, G.: Zum Ursprung des nordischen Greiftierstils. In: Festschrift für G. Schwantes (1951).
Hauglied, R.: Norske stavkirker (1969).
Holmqvist, W.: Viking Art in the Eleventh Century. Acta Archaeologica 22, 1951.
–: Germanic Art during the first Millenium A. D. (1955).
–: Övergångstidens metallkonst (1963).
Hougen, B.: Osebergfunnets billedvev. Viking 4, 1940.

Jansson, I.: Ett rembeslag av orientalisk typ funnet på Island. Vikingatidens orientaliska bälten och deras eurasiska sammanhang. Tor 17, 1975 bis 1977.
Jansson, S. B. F.: The Runes of Sweden (1962).
Kendrick, T. D.: Late Saxon and Viking Art (1949).
Kóćka-Krenz, H.: Złotnictwo skandynavskie IX–XI wieku (1983).
Krafft, S.: Pictorial Weavings from the Viking Age (1956).
Krause, W.: Runen (1970).
Lange, W.: Studien zur christlichen Dichtung der Nordgermanen (1958).
Lindqvist, S.: Yngre vikingastilar. In: Nordisk Kultur 27 (1931).
–: Gotlands Bildsteine 1 u. 2 (1941/42).
–: Osebergmästarna. Tor 1, 1948.
Marstrander, S.: Om gripedyrstilen og dens opphav. Viking 1964.
O'Meadhra, U.: Early Christian, Viking and Romansque Art – Motif-Pieces from Ireland (1979).
Moe, O. H.: Urnes and the British Isles. A Study of Western Impulses in Nordic Styles of the 11th Century. Acta Archaeologica 26, 1955.
Müller-Wille, M.: Das Krummsiel von Elstrup (Alsen). Acta Archaeologica 45, 1974.
Munksgaard, E.: The embroideries from Bjerringhøy, Mammen. Universitets Oldsaksamlings Skrifter 5, 1984.
Nylén, E., u. J. P. Lamm: Bildsteine auf Gotland (1981).
Oldeberg, A.: Metallteknik under vikingatid och medeltid (1966).
Olsén, P.: Askagravens gripdjur. Tor 6, 1960.
Paulsen, P.: Axt und Kreuz in Nordeuropa (1956).
Petersen, J.: Vikingetidens smykker (1928).
–: Eldre vikingestil. In: Nordisk Kultur 27 (1931).
Ramskou, T.: Ragnarøk. Kuml 1953.
–: Stil F – en skitse. Aarbøger for nordisk oldkyndighed og historie. 1963.
Schier, K.: Sagaliteratur (1970).
Shetelig, H.: Vestfoldskolen. In: Osebergfundet 3 (1920).
–: The Norse Style of Ornamentation in the Viking Settlements. Acta Archaeologica 19, 1948.
–: Religionshistoriske drag fra vikingetidens stilhistorie. Viking 14, 1950.
Stenton, F. (Hrsg.): Der Wandteppich von Bayeux (1957).
Thunmark-Nylén, L.: Vikingatida dosspännen – teknisk stratigrafi och verkstadsgruppering (1983).
Vries, J. de: Altnordische Literaturgeschichte I–II ([2]1964 und [2]1967).
Wamers, E.: Some Ecclesistical and Secular Insular Metalwork Found in Norwegian Viking Graves. Peritia 2, 1983.
–: Insularer Metallschmuck in wikingerzeitlichen Gräbern Nordeuropas (1985).
Wessén, E.: Historiska runinskrifter (1960).

Wideen, H.: Västsvenska vikingatidesstudier (1955).
Wilson, D. M., u. O. Klindt-Jensen: Viking Art (1966).
Zachrisson, I.: De ovala spännbucklornas tillverkningssätt. Tor 6, 1960.
–: Smedsfyndet från Smiss. Tor 8, 1962.

## REGISTER